心に刻み 石に刻む

——在日コリアンと私

飛田雄一（神戸学生青年センター館長）

はじめに

私の在日朝鮮人問題とのかかわりは一九七〇年代初めからになります。当時、私が関わっていたべ平連神戸が在日朝鮮人問題にも熱心に取り組んでいたことが関係しています。一九七一年一月には、朝鮮の歴史文化を勉強する「むくげの会」も作られたり、七〇年代に孫振斗裁判、申京煥裁判にも取り組んだりしました。

この本の第二章歴史編には、神戸電鉄のこと、神戸港のことなどができますが、神戸生まれ神戸育ちの私も、それ以前には朝鮮人とのかかわりについて、全く知りませんでした。地元のこのような歴史は、私にとって驚きで、新しい発見がたくさんあり、なるほどなるほどと、調査も現実感ももって進めることができたと思います。

在日朝鮮人問題は、この間、紆余曲折がありながらも「進展」してきました。この現代史的な流れに参画できたことを嬉しく思います。「市民活動家」(※1)と称されることもある私ですが、だからこそこのような形で記録し出版することも必要で、また少しは価値あることではないかと考えています。

雑誌等に時々に書いた文章を集めています。それぞれが完結した(?)ものですので、私の現在の認識と「ちょっとちゃうなあ」(今の私の方が妥協的?)というところもあるのですが、誤字脱字以外はほぼ原文のままになっています。読み返してみて、勢いがあっていいなあと思うものもありますが、勢いがありすぎるなあというのもあります。若気のいたりです。ご容赦くださ い。また、それぞれが完結した形になっていますので、内容的に重複も多くなっていますがお許しください。

文章は発表当時のものなので特に第三章において法的地位等に変遷があり現時点で訂正する必要があるのですが、最低限の〝注〟だけ入れています。それぞれに現在の状況を補足して欲しいという三一書房編集部からの意見がありましたので、私は本書収録の二〇一五年の兵庫在日外国人人権協会での講演録でまけてほしいと申し上げましたがダメでした。そこで川瀬俊治さんが私にインタビューしてくださることになり、その記録が収録されています。

この本は、『現場を歩く 現場を綴る──日本・コリア・キリスト教──』（かんよう出版、二〇一六年六月）に続くものです。在日朝鮮人問題に取り組んできた私のまとめとしてご覧いただければ幸いです。

※1 『朝日人物事典』朝日新聞社、一九九〇年に次のように書かれている。五〇音順なのでピーターの前にある。だいぶ恥ずかしいがそのまま引用する。「市民運動家、神戸学生青年センター主事。兵庫県生まれ。神戸大学農学部を経て大学院修了。神戸学生青年センターに勤める。一九六九（昭和四四）年大学入学と同時にべ平連神戸に参加、運動の中で日本（人）の中に根強く残る朝鮮（人）への差別問題とであい、朝鮮の歴史研究と朝鮮語を学ぶ「むくげの会」をつくる。以後二〇年間にわたり「会員の対等性、大状況からものを語るのではなく、自分達の暮らしの中から問題と取り組む」を会の〝原則〟として、運動を続けてきている。全共闘世代の華々しさとは違うマイペース（持続力）という一面を貫いている。」

目次

第三章　法的地位 148

巻頭インタビュー

現在の状況

川瀬　現在、ヘイト・スピーチなどが現われてきたり、在日外国人には生活保護の受給すら認めないという最高裁判決が出されたりしている状況が起きています。このことからまずお聞きしたい。

飛田　まさか七、八〇年代にこんなヘイト・スピーチの時代が来るとは思わなかったですね。戦前は公然と朝鮮人の悪口言っていたでしょ、だから公然と言えない時代は戦前よりいいんだと考えていたんです。公然と言わないと差別が陰湿なものになるんじゃないかという意見がありましたが、私は公然と罵倒できないのはいいんだと言っていたんです。そんな風に考えていたらヘイト・スピーチが、出てきた。そういう意味では忸怩たる思いがありますね。ただ希望的観測ですけれど、それでもヘイト・スピーチは底を打った感じで、巻き返しが起きていますよね。元に戻りつつあるのかな、と思っています。

生活保護についてゴドウィン裁判（38頁）の関連では、当時の厚生省は外国人が治療のために来るからいけないとか、つまらないこと言っているんですけれど、外務省はそんなことないんです。国際基準がわかっているから、まずは生活保護によって緊急医療を行ない、病気が治ってから強制送還すればいいんだと言っています。方向としては日本は「国際レベル」に進まざるをえないだろうという風になると考えています。

川瀬　「国際レベル」ということでは、七〇年代には全くなかった、国際人権条約がその後いろいろ批准されてきました。社会保障上の内外人平等が言われ、無権利状態だった在日朝鮮人に対して公営住宅の入居とか国民健康保険などの諸権利が国際条約によって開かれたという部分があります。そういう面で言うと、今おっしゃった「国際基準」の方向に進まざるをえないというのは確かなことだと思いますが、日本の場合はヘイト・スピーチに対する処罰の問題とか一つとってみても、宣言的で、いろいろな面では非常にぬるいような気がします。

飛田　七九年の国際人権規約のときは、国内法は問題ないということで、国内法の改正はスルーしたんです。難民条約のときは一定変えなければならないということで、おっしゃった社会保障関連法の一部を変えたわけです。

人種差別撤廃条約（一九八五年）はもう少し日本政府に義務が課せられているはずです。ヘイト・スピーチに関しても最近法律が成立してきているので、規制方向に進むと思います。

生活保護の方は、始まって以来、外国人は「恩恵」だということで来ているでしょ。それは原則を言っているだけで、楽観的かもしれませんが実際支給が狭められるということはないと思います。

川瀬　ヘイト・スピーチを生み出す土壌には戦後における植民地支配の未解決というものが横たわっているのではないでしょうか。

飛田　僕もそうだと思いますね。在日朝鮮人はそういう歴史を踏まえるなら特別な外国人であるということが前提とならざるをえないですよね。その意識は全体に少ないんでしょうね。「在特会」の支持がなおあるわけですから。私としてはそういう特別な歴史的な事情があることと、普遍的に外国人・日本人に限らず、人権が大事だという、そういう両方の面をバランスよく強調しなければいけないと思っています。

川瀬　ヘイト・スピーチへのカウンター、抗議は「国際基準」だからというのではなく、内側から起きてきた抵抗だと思います。ところで、飛田さんが神戸学生青年センターに関わりだしたのは何年ごろのことですか？

飛田　就職したのは一九七八年。学生時代の終わりの頃、週に三回アルバイトに来てました。学校を卒業したら入れてくれることが前提でしたね。それで卒業と同時に正式にスタッフとなったわけです。学生センターを運営していた牧師さんたちはべ平連の仲間でもありました。初代の館長は小池基信牧師、二代目の館長は辻健牧師です。

いろんな企画してきましたが、古本市なんかは一九年目かな。先輩の牧師から、友だちが古本屋をしていて、ダンボール一箱分を二〇〇〇円で買ってくれるという話を聞いたんです。それならやってみようと思ったわけです。最後に余ってもいいいと思ったのです。それで最初の年に一五〇万円ぐらい売ったかな。ところが古本市終わったら、その古本屋潰れていたのです、すでに。仕方がないから古紙回収業者にお金渡して持っていってもらいました。その後はアジア図書館にカンパ渡して持っていってもらっているのです。この企画は当たったんです。もし古本市を始めていなければ、アジアからの留学生に奨学金を支給するという六甲奨学基金はなくなっているはずです。他の企画でいえば、朝鮮セミナーでフィールドワークをやったり。今ではフィールドワークがはやっていますが、わりと先駆的ですね。外国にもフィールドワーク行ったり、わりと自分が好きな企画をするほうですね。

同世代の朝鮮人との出会い

川瀬　民族学校、武庫川強制代執行、強制送還、指紋押捺、国籍条項、在留権、年金問題、本書ではこれらの問題について当時書かれた論文が多数掲載されていますが、くわしくはこれから読んでいただくことにして、改めて、その多くの現場に飛田さんがいたのは、何があったからだと思われますか。

飛田　特に大きなきっかけはなかったと思います。わりと流れに乗ったほうですね。自然に来たと思う。やはり同世代の朝鮮人といろいろ出会ったことが大きいですね。事件を通して。申京煥事件（64頁）とか、日立闘争（65頁）とか、そのことが大きいでしょうね。

川瀬　それ以前、学生時代はどうでしたか。小・中・高、大学で。

飛田　中高は器械体操クラブの完全なスポーツ系でした。大学ではスポーツ系でない「運動」をしました。

川瀬　朝鮮人との出会いは？

飛田　それほど在日朝鮮人が多い地域ではないし、小中高で朝鮮人体験というものはほとんどないですね。

川瀬　差別意識とか、そういうのはなかったですか？

飛田　普通にあったと思いますね。それでもクリスチャンの母親がいて、表向きはそんなことはいけないというほうだから、家でそんな差別発言聞くこともありませんでした。学校とかでは多少あったけれど、でも小中高で特定の朝鮮人をいじめているとか、そういう場面にはあったことがない。僕らの世代だと、同じ活動家で、そういういじめられている場面を目の前にして黙って見てたというような人がいるんだけど、そういう人はわりと心の傷みたいになっていますね。私にはそういうのもなかったから、普通に人権意識があったという感じでしょうか。

川瀬　僕らの時代は同和教育も在日朝鮮人教育もないじゃないですか。そういう教育もまったく受けてない。朝鮮の歴史も在日朝鮮人の歴史も知らないし、ないにもかかわらず継続してやってこられたというのは何なのか。今の生徒、学生は教えてもらったりしているじゃないですか。そこに大きな違いがあると思うのですが。

飛田　やはり同世代の朝鮮人と出会ったというのが大きい、それとべ平連時代からわりと「解決主義」だったです。

差別解消の運動するじゃないですか。私はそれなりの成果があるとしたら、その成果を大事にしようというように無理やり（？）主張していました。成果よりも努力・途中経過が大事だという人がいますけど、私はそんなことは言わないようにしようと主張していたのです。同じことができたとしたら一〇時間かかっても一時間かかっても一緒だと考えることにしようじゃありませんか、というのが私の運動のスタイルだったんです。へんな言い方すると「浪花節的運動」が嫌いというのがあるんですけど、そういうどろどろとした情念に訴えかけるような運動が嫌だと思っていたのです。冷めているのかな。いい意味で合理的ということかもしれませんね。

マイノリティを認めない

川瀬　生活レベルでは、本名をなかなか名乗りにくいということが依然として横たわっていると思われますが、こういう状況というのは、飛田さんが運動を始めた頃からあまり変わらずにあるんじゃないでしょうか。

飛田　本名をそのまま表札に掲げるというのが難しい状況というのは、そんなに変わっていないと思いますね。それでも就職とかいうのは、僕らが運動し始めた七〇年代に比べたら、朝鮮語ができるとか、若干国際化された日本の社会および会社ということで少しはましになっているいると思うんですよね。だから会社で朝鮮人として働いているのは七〇年代に比べたら増えたんではないかという気がしますね。

外国人認識レベルが低い

川瀬　在日朝鮮人をめぐるさまざまな人権状況を含めて、これらの問題は日本人自身の問題であるという指摘がなされてきました。この辺のところをもう少し詳しく話していただけないですか?

飛田　基本的には国家とか民族の前に人間があるということを大事にしておかなければならないと思います。有名な金子みすずの「みんなちがってみんないい」がありますが、均一のものを求めないというのは、ものすごく普遍的な命題であろうと思います。

その次は当たり前のことですけれども、住みよい社会というのはみんなが住みよいのであって、一部の人たちだけが住みよいのだったら、それ以外の人たちには住みにくいということです。

日本社会の排外主義というか、日本の朝鮮人認識レベルは低いと思うんです。たとえば「国民年金制度」ができたときにはお年寄りを救済して、掛け金を支払っていなくても年金を支給しました。障がい者についても、二〇歳を越えていた障がい者を切り捨てることはありませんでした。沖縄返還のときにも、老齢者、障がい者を切り捨てることはありませんでした。ところが、外国人が国民年金に加入できるようになった八二年一月のときにそうならなかったわけです。日本社会がこういう問題を知らないということのほうが多いんだけれども、少なくとも外国人だからと、結果的に許されてしまったわけです。

現在的にも外国人障がい者等の救済措置は必要です。新たな福祉政策ができたときに、一部の人を排除するのは法的にまちがっていると聞いています。こういうことは絶対にあってはいけないと、思いますね。

年金の問題は私が論文書いたときは、「六〇歳まで年金を支払っても二五年に足りないので三五歳超えたら入れない」ということでした。その後は二五年に満たなくても、一〇年なら一〇年分の年金を支払うと、法律が変わりました。だから最低限の法改正はしたわけですね。例えば当時三五歳超えていたから、年金加入を止めたと言ってその後、交通事故になって障がい者になったらどうなったのでしょうか。傷害年金もらっていないでしょ。実態はわからないけれど、もしいたとしたらえらいことですね。

外国人が加入できることになって以降の障がい者問題はそのままですね。深刻かつ、ひどい状態です。

川瀬　例えば、台湾ではマイノリティに対する特別政策として、原住民に対しての議席を確保している。しかし、日本の場合は在日朝鮮人に対して在留資格そのものの安定を求めたこと（特別永住権）だけでも、「特権だ」と攻撃を受けたりする。その辺はどうですか。日本の社会におけるマイノリティを認めないというか、そういう弱さみたいなものを、ずっと運動してこられて感じられませんでしたか。

飛田　そうですね、ほんとに弱いですね。アイヌもアイヌ語の放送や国会議員の確保の制度もあって当然だけれども、日本社会の「均一性保持」というか、そういうのは政府だけに限らず、一般社会にも非常に強いんだろうと思います。日弁連とか民闘連（民族差別と闘う連絡協議会）とか、いろんなグループが言っているのは、歴史を踏まえた「特別の地位」ですね、そういうのが保障されるのが必要なことだとは思うんです。

もっと大きく歴史的に言ったら、朝鮮は戦争の相手ではなかった、みたいな意識がやっぱり強いですね。アメリカに負けただけだと。台湾・朝鮮は植民地であったわけだから、完全な相手国だったわけだけれども、相手国だったというイメージがないんですね。交戦相手国だったというイメージがあったら、植民地支配が終ったらどうするのか、ということがあるはずですけど、植民地支配認識自体も大変希薄ですね。

川瀬　中国に対するあり方と比べたらだいぶ違いますよね。

飛田　そうですね。中国人強制連行については外務省報告書がありますが、中国人の処遇については戦犯になる可能性が大いにあるから報告書を作って罰せられるようなことをしていないことを立証しようとしましたが、朝鮮関係はがんばらない、というのがありましたね。

川瀬　ましてやBC級戦犯の朝鮮人が死刑にされたり、戦争病者遺族等援護法から除外したり、考えられないことを我々はやってきたわけだけれども。

飛田　特別の地位を求めるということと、戦後補償、植民地支配も含めた戦後のあり方の間違いが正されていないということでしょうね。

川瀬　日本人の問題ということで言うと、朝鮮人の問題、植民地の問題をやることは日本人にとって歴史認識にしても国際感覚にしても豊かにしていく、ということで広がっていくというか、自分が気づいていくものだと思いますが、そういう日本人の問題みたいなものは極めて希薄ですかね。

飛田　そういうのは必要だと思います。たとえば植民地の朝鮮なんかは完全に日本史の一部ですよね。少なくとも近代国家として領土を広げたわけだから。そういうことが日本の歴史であったということの認識が本当に大事だと思いますね。でないと、今の日本が存在していないわけだから。

川瀬　もうひとつ出てない問題として、南北分断、朝鮮総連系と民団系、ふたつの在日朝鮮人社会が、飛田さんが運動始めた頃にはまさしく色濃く現われて、第三の勢力としての民闘連が出てきた。

飛田　それは確かに深刻な問題としてありましたね。逆に僕らの世代は救われていたとも言えます。僕らの先輩は総連しかなかったとも言えます。民主的な人間には。しかし、僕らはそういうのはありませんね。でも例えば学生センターに韓国人留学生が来て、領事館でオリエンテーション受けてたと言うのです。「あそこに行かないように」と。八〇年代前半まではそういう時代でした。今はそんなことないですけれど。学生センターは北からは「ＫＣＩＡだ」と言われて、南からは「北のスパイだ」と言われていました。八〇年代初めぐらいまで続くんじゃないかと思いますね。ただわれわれの七〇年代世代は、いま言いましたように、一定程度の等距離的なこともできたような気がします。南北共同声明（一九七二年七月四日）などいろいろありました。

そういう意味では在日の権益問題に関わったわれわれの世代というのは、在日朝鮮人権益運動の第二世代かもしれません。スタンスを鮮明にして総連にひっつくとか、あるいは南にひっつくとか、どちらかしか選択肢がなかったことに比べたらわれわれはよかったと思います。やっぱり日立闘争が大きな転換点になっていると思いますね。それ以降、第三の選択肢ができたと思います。

現実の歴史を伝える

川瀬　指紋押捺をめぐる状況はその後いろいろ変わってきましたが、変わらない排除がある。朝鮮学校への弾圧などですね。一層厳しくなっている。

飛田　高校無償化から朝鮮学校を排除するというのが、ほんとわかりませんね。無償化というのは高校生個人に金を出すというのが原則ですが、たまたま学校経由で出しているという法体系になっているだけなのに、朝鮮学校だけ抜くというのは、これはもうひどい話ですね。

武庫川強制代執行（68頁参照）のときのことも記憶に留めなくてだめでしょうね。今はサイクリングロードになって私もときどき自転車で走ってますけれど、その強制執行の歴史を知ったときは私も非常にショックでしたね。一九六一年というのは六〇年安保闘争の翌年のことでしょう、僕は一一歳だったけれど。六一年にあんな不法住宅撤去があったことについて、その当時の日本の人々は、活動家はどう見ていたのか、という気もします。それこそ六〇年を闘った人たちがどう見てたでしょうか。僕は武庫川にはものすごく思い入れがあるんです。

それから地域の歴史というのは、この本のまえがきにも書いてますけれど、神戸電鉄とか、そういう歴史をまったく知りませんでした。そういう歴史を現実感をもって知るのは本当に大事なことだと思います。神戸で「歴史平和マップ」と作っていますけれど、ものすごく反響があります。小学校・中学校の先生からよく連絡が来ています。「読み方が違う」とか「こんな証言もある」とか連絡が入ります、うれしいことです。机上の空論じゃない、現実の歴史を伝えるというのが非常に大事なことですね。私自身もそれで目覚めたというのがあります。

強制送還問題は、今は申京煥のような事件は起こらないと思う。ただ朝鮮籍の人の強制送還についてはあまり知られてないですが、法務省の総合法務研究所発行の冊子に北朝鮮にどれだけ送還したのかという記録があるんです。七〇年代の終わりの頃です。

それほど開放されていない国籍条項

飛田　先ほど言われた指紋押捺問題ですね。指紋押捺はなくなりましたね。なくなったのは偉大な成果ですよ。その後、アメリカ式の入国者指紋が入ったけれど。協定永住など「オールドカマー」の特別永住権者だけが押さなくていいことになっています。しかし、中国人の場合では、オールドカマーの人は日本に帰ってくるとき、指紋を押さなくてはなりません。これもひどい話ですよ。また、再入国申請が特別永住権者でも残り、期間をすぎて再入国すると、特別永住権が取り消される。ひどい話です。

国籍条項はこれもいまだに声を大にして言わなければならないのは、政令指定都市がいまだによくないことです。大きな問題です。神戸市なんかでも「これだけあるうちの、これだけ外した」というわけですよ。例えば五〇職種あって、四五は外したとか。ものすごくオープンになったとか言うんです。しかし実際の数は一般職の職員数が圧倒的に多いのです。正確な数字は今、記憶にありませんが、職種の開放率八五パーセント、人間の開放率一〇％とか、そういうことになるんです。五〇のうちの四五外したとしても職員の数の九〇何％は外れていないということが起きているのです。

川瀬　どうして政令都市は一般職はダメなんですか。

飛田　一般職は公権力に関わるからというのでしょうか。国に近い政令指定都市のトップは公権力が必要というのでしょうか。

川瀬　つまり国籍条項は開放されたように一般に思われているけど、実際にはそれほど開放されてないということなんですね。さらに、「当然の法理」で排除する。これは何とか変えていかないといけない。その取り組みが必要でしょう。

モニュメントは大切です

川瀬　ところで、どこに行っても市民運動が「金太郎飴」とか、よく言われるじゃないですか。

その辺はどうですか？

飛田　そう言えるかもしれませんが、私はいろんな運動にかかわっていますが、金太郎の顔がズレているように思います。

川瀬　どういうこと？

飛田　同じ金太郎じゃないということです。朝鮮問題でも、中国関連の運動でも、やっている人間は全部金太郎、みたいに言うけれども、私の考えでは結構いろんな人がいるという感じです。テーマが広がってくると、金太郎飴現象はなくなっていくように思います。去年、朝鮮学校の学生連れて、神戸電鉄と朝鮮人をテーマにした本格的なフィールドワークをしたんだけれど、とてもよかったと思います。神戸電鉄モニュメントを作ったわれわれグループが案内をすることもありますが、同じことをずっとできるわけじゃありません。次世代のグループがそういうフィールドワークすると、それはそれでいいと思います。神戸港のモニュメントもときどき大学生が見にきますし、ますますモニュメントがあるほうがいいということですね。神戸は二つもできてよかったけれど、全国的にもそういうモニュメントが作られていますが、それはとても大事なことですね。

川瀬　若い人に受け継がれることは大事だし、若い人は言葉をドンドン習得していきますね。

飛田　二世は一世の背中見て育っている、一世に対してコンプレックスがあると思います。実際のところ一世は高齢化して亡くなる方が多い。一方、三世はあっけらかんとして自由に生きている朝鮮人もいるような気もします。最近よく見るのは朝鮮学校卒業して朝鮮語できる人がソウルで二、三ヶ月韓国語を勉強し、ソウル弁になってその語学力を利用してよく働いているなんてことですね。これはこれでいいことだと思うし、やっぱり言葉というのは大きいんだなと思う。韓流ブームが朝鮮学校にいい影響を与えているかもしれません。「むくげの会」が始まった頃なんか、韓国語のテキストを電車で開いたりしたら、何をしているのかという風に見られたりしていましたが、今は尊敬のまなざしで見られます(笑)。

僕らの世代やそのちょっと下の世代だと、韓国行ったとき日本人だと韓国語を褒められて、在日の韓国語はボロカスに言われて傷ついた人多いですね。僕がしゃべったら褒めてもらえるのに、一緒に行った在日の人間が話すといじめられたりということもありました。

あっけらかんとしているというのは、四世、五世でほんとうに差別されたことがないということで本名でいる人が時々いるように聞きます。それは二世では考えられないですね。でも、たまに無理してつっぱって朝鮮名を名乗ってがんばって生きているんじゃないのか、という若い四世五世に会って感動することもありますね。

国民統合の理念が世界的に問われている

飛田　日本という国をどういう風にするか、それこそサラダボールかマヨネーズかという話がありますね。日本はまだ昔よりましでしょうけど、日本人的になって日本国籍をとって日本人となってもらって、その人々が多数を占める日本社会としていこうという考えがまだ強いですね。それを徐々に放棄してもらって、同質性による国民統合というのでない方向にいかなくてはなりませんね。南米から来る人なんか、明らかに顔かたちが違うじゃないですか、そういう人なんかも増えてきているわけだから、民族とか同一性を社会統合の理念としないことをしなければならないと思います。

川瀬　しかし、進んでいるはずのヨーロッパが最近逆ですね。

飛田　そうですね。一部には難民を排除する動きもありますね。私は朝鮮半島は統一されなければならないと思います。分断されたから統一するのが当然だと思います。でも私が統一に反対しているような誤解をしてほしくないのですが、同じ民族だから一つの国をつくらなくてはならないというのはおかしいと思っています。国、国境の壁をなんとかこわしていきたいと私は考えていますが、一つの民族が一つの国をつくることがいいことだとは思いません。多様な、多民族・多文化な国がいい国だと考えています。

韓国で殺人事件が起こったときマスコミは「犯人はブラジル人」と書くそうです。日本でも外国人の犯罪が起きたら、フィリピン人とか中国人とか新聞に出るじゃないですか。日韓のメディアの犯罪報道は、こうした弱さをもつ。克服しないといけない部分だと思います。

カナダとかではそんなことありえないそうです。犯罪者に一つの民族グループ、国の修飾語をつけるのは。だからブラジル人がどこそこで犯罪犯したとか、フィリピン人が秋葉原で犯罪犯したとかいう報道はダメなんだそうです。人種差別的な刷り込みになるからということだそうです。でも韓国もそうですけれど、日本もそういうことをしています。帰化して日本国籍の人がいたとしたら、その人を少なくともフィリピン人とか言ったらいけませんね。新聞記事読んでいて、そういうのがありました。もともと犯罪者に国籍をつけたいというマスコミも悪いんだけど、どう見ても日本国籍なのに、わざわざルーツを言うとか、そういうのは、本当によくないことですし、気をつけなくてはならないですね。

この前、仙台で講演頼まれて行ったとき、ある人が「在日特権で一番受けているのは米軍とその家族だ」という発言をされました。日本政府は米軍とその家族の数を把握していないのです。入管を通って入ってくるわけではありませんから、二三〇万の外国人の中に米軍と家族の数は入っていないんですよ。日本政府は把握していない。それこそ外国人で一番の「在日特権者」ですね。

川瀬　安全保障は外国人問題、旧植民地出身者問題を考える大きなカギになりますね。われわれはあまり深く考えてきませんでしたが。本日は飛田さんの運動の歴史も含め、現在の課題など多岐にわたり話をうかがいました。ありがとうございました。

（二〇一六年七月二〇日、聞き手：川瀬俊治）

第一章　総論

私の市民運動〝ことはじめ〟、そしてそれから

（兵庫在日外国人人権協会オープン学習会、二〇一五年四月五日、神戸学生青年センター）

神戸生まれ神戸育ちです。引越しを六回していますが、ぜんぶ神戸ですので、私が標準語の神戸弁をしゃべるということになります（笑い）。兵庫区都由乃町生まれ（一九五〇年五月一〇日）、位置的には山手ですが、兵庫区は山手といっても下町が広がっていて、その下町で育ちました。兵庫区、生田区、垂水区、灘区へ、灘区のなかで三ヶ所、引越しています。レジメの最初に、母親のことを書いています。私の母親ですが、普通の母親と思っていたのですが、中学校、高校のころに、実は普通ではないということが分かったわけです。キャリアウーマンばりばりでした。幼稚園の先生を二一歳のときから六五～七〇歳までしてたんです。私が小学校の四年か五年のときに、はくパンツがなくなるでしょう、そのとき、私の選択肢としては、自分が洗うか、汚いのをそのまま穿くか、のどちらかだったんですね。私は汚いのをまたそのまま穿いていましたが、お母様にパンツを洗ってくださいということを言ったらあかんと思とったわけです。そのような家でした。

今日の学習会は、兵庫在日外国人人権協会が秋に発行予定の『四〇年誌』に、飛田の講演録を収録するということでセットされたものです。兵庫民闘連（民族差別と闘う連絡協議会）および人権協会と連動しながら運動をしていた神戸学生青年センターですが、センターを拠点とした四〇数年を振り返って、というタイトルになっています。

私の市民運動〝ことはじめ〟ですけど、この一番前におられるのが、「べ平連こうべ」（一九六五？～一九七八？）の西信夫さんです、……私を悪い道に引きずり込んだ（笑）。いまも、神戸大学に学士入学して、ボランティアバスに乗って東北に行ったりされています。西信夫さんや「むくげの会」の堀内稔さんが私の三つ上で、一番のベビーブームのときで、私なんか六九年に大学入学ですから、「間に合ってしまった全共闘世代？」といわれているのですね。唯一東京大学で入試がなかった年ですね。新入生歓迎会のときは、〝家が貧しかったので浪人はできず、東大を諦めて神戸大学に入学した〟とみんなが言っていたんです。

一九六九年といえば、もう昔の話なんですね。「べ平連こうべ」の論文を書いている方がいます。黒川伊織さんですが、日本共産党の研究をして博士論文を書いた人で、私や西さんはヒアリングをされています。六九年に大学に入り、「べ平連こうべ」に関わります。神戸の「べ平連」は、在日問題とか差別問題とかをよく取り上げたほうで、〝差別抑圧研究会〟（一九七〇年夏～一九七一年一月）をつくって、部落問題、教育差別、コリアン差別などいろいろしていたんですが、そのうちコリアンの問題に絞った「むくげの会」をつくったのが一九七一年一月で、大学二年のときでした。「むくげの会」の関係では、「東亜日報を読む会（〜七六年一月）」というのがあったり……、韓国では、一九七三年八月金大中事件、一九七四年四月民青学連事件（※1）、七五年四月人民革命党事件（※2）、七五年一一月学園浸透スパイ団事件（一一・二二事件）（※3）と弾圧事件が続いていました。七五年に、「むくげの会」のメンバーが分担して新聞を翻訳したりして、一一・二二事件に関する二〇頁ほどの『濁流に抗いて』という冊子を出したんですよ。めちゃくちゃ売れました。私が題字を書いたんですけどね。六〇〇〇、八〇〇〇部など売れたんじゃないですかね。何回も増版しました。のちに、同じタイトルで単行本になっていますけれどね。このようなのが、七五年の状況でした。なんか「生き字引か？　化石か？」というような昔の話になっていますが、「化石」にはならないようにしたいものです。

孫振斗さんの裁判

『四〇年誌』も「前史」編がありますが、私も前史としていえば、孫振斗《ソンチンド》（※4）さんの裁判があります。孫振斗さんは、密航してきたんですね。これも当時としては非常に大きな事件でした。一九七〇年一二月三日に佐賀県唐津に密航してきて捕まるんですが、通常だったら大村収容所を経由してそのまま韓国へ送還されるんですけど、マスコミが掴むんですね。それで、大きな記事になるんです。〝私は広島で被爆しているので、日本政府の責任で治療してほしい〟という要求をするんです。大阪、広島、東京と福岡に、支援の会が生まれるんですね。この裁判は、最高裁で勝ったんですね。私、結構いろいろ裁判をしましたけれど、勝ったんはこれだけですね。一勝二〇敗ぐらいの感じですね。いまから考えたら画期的ですよ。戦後補償裁判はそれ以降だいたい八〇年代ですからね。戦後補償裁判の先駆けになるような闘いでした。これも調べている岡山大学の人がいるんですよ。私がダンボールいっぱいの資料をどさっと渡したら、彼女が原本を整理してＰＤＦファイルにしてくれました。そういうのはいいですね。これから他の事件の資料も貸し出しをしていこうと思います。どんどんこのように資料が整理されるのはいいことですね。

申京煥事件

次は、申京煥《シンギョンファン》事件（※5）です。申京煥裁判（一九七三〜七八年）は日立朴鐘碩裁判（※6）と同時並行なんですね。ですので、日立裁判の集会に行って、私が申京煥裁判の話をしたり、申京煥裁判の集会では逆に日立裁判のアピールを受けたり、そのようになっていました。

日立裁判は、一九七〇年一二月八日に提訴、一九七四年六月一九日に勝訴判決、そして、民闘連が生まれます。今日、ここに来られている人は民闘連のことは知っていると思いますけれど、日立闘争の延長線上に、いくつかの地域で民闘連が結成されます。

歴史的な事件というのがありますね。尼崎市の徹夜交渉なんかもそうですね、私はそれには参加していないんです。あれは何年何月だったですか。（仲原良二「七四年の九月です」）。こちらの〝生き字引〟のほうが正しいですね。私はなんかの用事で参加していないんです。あれに参加してなくて、淋しいなと思っています。もう一つは、協定永住締め切り日（※7）の長田区役所、「むくげの会」の堀内さんは行ったんですけれども、私は行けていないんです。一九七一年一月一六日、協定永住締め切りなんですよ。夜一二時まで受け付けるんです。総連は勿論そんなのは「けしからん」と言うし、民団のほうは「申請せえ」というし、……受付の入り口に総連と民団の双方が並んでいて、「出せ」、「出すな」の声が乱れ、騒動になったんですね。大阪の生野区なんかもっとすごかったという話です。こういうことを言うと顰蹙《ひんしゅく》ものなんですが、そういう歴史的な場面に立ち会えていなかったわけです。

梁泰昊《ヤンテホ》さんは、兵庫民闘連のイデオローグだったし、全国の民闘連のイデオローグでもありました。中京煥裁判支援の中心メンバーでもありました。ペンネームが朴聖圭《パクソンギュ》といいます。ひょっとしたら、朴聖圭が梁泰昊のペンネームであることがわからなくなるかもしれないので、言っておかなければならないと思います。日本朝鮮研究所でも、佐藤勝巳さんや梶村秀樹さんなどでも、ペンネームで書いていました。ある時期が来たら、そのペンネームを確定しておかなければなりませんね。執筆者が少なかったら格好悪いから(笑)、いろんな名前で書いて、テーマ別で名前を使い分けていたと言われてました。

いまの「青丘文庫」は、神戸の大倉山の神戸市中央図書館のなかにあります。日本国内で、朝鮮近代史図書館としては有数のものだと思います。いまでも、研究会を継続しています。

韓晳曦《ハンソッキ》さんという、学生センターの最初の理事のひとりで、ケミカルシューズで財をなした方が、個人で作ったものです。一九七二年に自宅から長田のご自身のビルへ引越ししたんです。一九七九年ですが、そこで研究会もスタートしたんです。韓晳曦さんが『朝鮮人強制連行の記録』（未来社、一九六五年）を書いた朴慶植《パクキョンシク》先生を月一回招いて、研究会をしてたんですね。それが「在日朝鮮人運動史研究会関西部会」です。そのあと、姜在彦《カンジェオン》先生を中心とした「朝鮮民族運動史研究会」が始まります。これは、元々京都大学人文研で、飯沼二郎さんが主催していた研究会の流れなんですけれど、それもスタートします。いま、「在日朝鮮人運動史研究会関西部会」は私が代表をし、「朝鮮民族運動史研究会」は「朝鮮近現代史研究会」になって、水野直樹さんが代表をしています。

阪神淡路大震災（一九九五年一月一七日）に関係する話ですが、下手したら「青丘文庫」も燃えていましたね。蔵書は三万冊といわれていますけれども。八六年に、長田のケミカルシューズの建物から須磨の自宅に引越ししたんですね。須磨の自宅を建て直して。須磨寺の南に「コープこうべ」がありますけれども、そこの二階に引っ越したんです。そして、一九九五年の地震です。長田のケミカルシューズの建物は全焼してしまうんです。揮発性の素材などを使っているため、燃えやすいんですね。ですので、須磨の自宅に引越ししていなかったら、蔵書はなくなっていたということになります。

一九九七年に須磨から神戸市立中央図書館へ移転することになります。そしてその翌年に韓晳曦さんが亡くなられます。

神戸市立中央図書館へ移る前には、金英達《キムヨンダル》さんと「青丘文庫」を財団法人にしようという話をしてたこともあります。金英達さんは法的なことにも詳しい方で、いっしょに兵庫県教育委員会に行ったことがあります。神戸学生センターは一九七〇年代創設ですので資金がなくても財団法人はつくれていますが、新しい財団を作ろうとすると一億円の現金と建物が必要といわれて、金英達さんと「これは無理や」と帰ってきたことがあります。利息で一〜二人の給料を出せるぐらいの財政基盤がなかったら、財団法人として認められないということでした。

それで、神戸市と関係の深い韓晳曦さんの友人の今井鎮雄さんの助けもあり、震災後に神戸市立中央図書館へ移ることになりました。

須磨にあったときはものすごい量があると思っていたんですが、引越ししたら本が減ったように思ったんですよ。スペースが倍になったため少なく感じたということだったんですが。

いま、個人の蔵書をどうするかといえば、悩むところですが、大学の先生が自分の蔵書を大学図書館に寄贈するといっても受け取ってくれないでしょう。持参金をつけて、整理する費用を負担しないと受け取ってくれないという時代です。学生センターの古本市に寄付するしか方法はありません(笑)。

神戸学生青年センターのこと

センターは一九七二年四月にスタートしています。今年（二〇一五年）、四三年目です。私は一九七八年四月に就職しています。私は大学に人より長いあいだ行っています。四年のところ六年、修士課程二年のところ三年、ぜんぶで九年間行きました。七八年に大学を終わり、その年に就職しています。大学時代の終わりの三年間は週に三回くらい、アルバイトをしていました。それ以降ずっとセンターですから、ほとんどここにいたということになります。

当時の館長は小池基信牧師で、一緒に「べ平連」をやっていたような牧師ですから、その人に、卒業したら正職員にしてくれとお願いしていて卒業後ここに就職しました。

いまから思ったら、学生センターに雇ってもらっていなかったら、昔の言葉でいうたらルンペンプロレタリアートっていうか、活動家としてめちゃくちゃ困った……、その可能性もあったと思います。ほんとうに学生センターに感謝しています。

センターでは、食料環境、朝鮮史、キリスト教の三本のセミナーをしています。前の館長の三つの柱でセミナーをするというのは良かったと思います。あとプラスアルファもいろんな話がきます。四本目の柱で「アパルトヘイト研究」をしましょうとか来ます。それに対して、「三本の柱は直営でします。四本目はアイデアと人間が一緒に来たら、やりましょう」と返しています。いろんなことをしたいと思うのですが、自制してきました。

「朝鮮セミナー」は草分けでしたから、いろんなことをしました。また韓国祭りや歴史ツアーなどのフィールドワークに出かけたりしています。「朝鮮セミナー」の四〇年間の録音テープがほとんど全部あるんです。亡くなられた先生方のものもあります。韓国の留学生が梶村秀樹研究なんかをするんですが、講演テープをデジタル化してさしあげたりしています。録音テープは捏造できませんから、当時のものがあるというのは貴重なんですね。「朝鮮セミナー」の出版活動では、梁泰昊さんの本も出しましたし、宝塚の歴史を調べておられた鄭鴻永《チョンホンヨン》さんの本も出しました。仲原良二先生の本も出しました。仲原先生はご健在ですが、私が本を出した方々は結構亡くなってしまうんです。「間に合ってよかった」とも言われますが、父親の「句集」も出したんですが、そのあと直ぐに亡くなりました。母親も幼稚園の先生で一冊だけの絵本を創っていたんですが、それも本にしたんですよ。そしたら亡くなってしまいました。

センター出版部は最初に出した梶村秀樹先生の本がけっこう売れたもんだから、そのあと、次から次へと出版しました。梶村秀樹先生の最初の本『解放後の在日朝鮮人運動』（一九八〇年）は一九四五年から五五年ぐらいまでの在日朝鮮人の歴史という、いまでも書きづらい、一九七〇年代にはもっと書きにくいテーマですが、無理やりに喋ってもらって、本にするために講演会をしたというものでした。

『教科書検定と朝鮮』（中塚明ほか、一九八二年）もよく売れました。一番売れましたかね。教科書検定事件に関する、八月終わりくらいの東亜日報などの記事まで翻訳し、九月一五日くらいには出版しました。

地震（阪神淡路大震災、一九九五年一月一七日）のとき、学生センターの建物は何ヶ所かヒビが入りました。この部屋も、このあたりにヒビが入っていました。ここは修理しましたが、廊下を曲がったところに第二事務室がありますが、そこは人に貸したりしない部屋ですので、ヒビの入った壁をそのまま置いているんです。ときどき、地震のことで研修に来たりする人がいたら、そこを見てもらうんです。当時の神戸全体の被害に比べたら大したことはありませんが、斜めに亀裂が入っているんです。メモリアルということで残しています。

ああいうことが起これば、呆然となるわけですが、センターが何もしなかったら、存在意義が問われるんですね。ここに逃げ込んできた留学生たちが良くやってくれました。いまもそうですが、日曜日にフロント業務をしているのは韓国人留学生です。歴代、続いています。そのときも、フロント業務をしていた韓国人留学生が五毛天神の家が壊れたといって、ここに逃げて来たんですね。このまえ、六甲奨学金二〇周年のときに、彼を韓国から招待しましたけれど、彼がここを留学生対象の避難所にしようというんです。ほんの僅か南の六甲小学校なんかは、周辺がめちゃくちゃに壊れていましたが、ここの周りは比較的被害が少ないところで、知り合いの避難者が何人かいた程度でした。避難所としては、センターは宿泊施設を経営していますので、条件はいいわけです。また、彼いわく、留学生は大変で、支援金の支給も早ければ早いほうがいいというわけで、生活支援金を三万円ずつ出すことにしたんです。全壊・半壊の証明書と学生証をもってきたら、その場で三万円を渡したんです。それはそれで非常によかったんです。学生センターとしては留学生支援というのは非常に相応しいですからね。ここで避難生活をした学生はフィリピン人が一人だけで他は中国人と韓国人でした。ああいうときは、結構、仲良くなるんですね。留学生に新しい下宿が見つかったり、本国から戻ってきたりしたら、キムチチゲパーティを開いたり、餃子パーティを開いたりしていました。

センターで避難生活をしている留学生の新しい住居探しというのは難航しました。高槻や京都から一〇人ぐらい受け入れますと電話がかかってきたりしていましたが、センターにいた学生はほとんどが神戸大学の留学生で、電車が止まっていたので、そういうところに行くと通学できないんですね。JR六甲道の復旧が一番遅かったですからね。

あのころは、いろんなボランティア団体にお金が来たんです。センターも結構もらったんです。一段落したときに、日本DECという会社が一〇〇〇万円くれたんです。一〇〇〇万円は大きいです。日本DECは、そのあと他の会社に吸収合併されて今はないんですが。それで六甲奨学金が始まったんです。

当時、寄付話がよくありまして、どっかの会社が寄付をしてくれるといって、興信所が調べに来るんです。まとまった募金をくれるんかと思って応じるんですよ。ところが無しのつぶて、くれないんですよ。そういう興信所が三つか四つ来たかな。そして、もう一度来たんですよ。会社の名前を明かしませんけどね。それが日本DECだったのですね。この会社は、東アジア全体で仕事をしている企業で震災後大阪のホテルを借り切って仕事をしていましたがそれを撤収し、最後に、外国人を一番支援した団体に残ったお金を出そうとしているということだったんです。

しばらくして、東京から電話がかかってきたんですね。贈呈式をしたいというんですね。お金さえもらえばいい（笑）、贈呈式なんかと思っていたら、「一〇〇〇万円です」というんです。私が電話口で「一〇〇〇万円」というと、周りにいたボランティアがザワザワとしました。もう三万円の支給は終わっていたんですが、向こうは何に使ってもらっても結構だというんですね。ということで、六甲奨学金になったわけです。そのとき、残金が三〇〇万円ありましたので、一三〇〇万円を原資に毎年一〇〇万円を使い、一方で二〇〇万集める、すると以降一三年間にわたって毎月三〇〇万円の奨学金を出せるというアイデアで出発したんです。

しかし、二〇〇万円集めるというのがうまくいかず、急激に原資が減ったのです。平田哲牧師の助言というのがありまして、古本市になるわけです。平田先生の友人が高槻で古本屋を始めた、一定の本をダンボール一箱に詰めて送れば二〇〇〇円ぐらいで引き取るというんです。〝出口〟が決まったので、集めるだけ集めて販売し、最後は二〇〇〇円になるんだったら、これはいけるということでやったんです。

初年度からうまく行ったんです。八〇万円ぐらい売ったでしょうか。でも古本市開催中に、その高槻の古本屋は倒産したんです。仕方なく、その年は古紙引き取り業者に出したんです。みなさん、古紙の引取り値段というのを知っていますか。一トンにつき三〇〇〇円を渡すんです。それで九〇〇〇円渡して回収してもらったのです。

その次の年に、アジア図書館といって、中国に本を寄贈したり図書館を運営しながら一年中古本屋をしているところがあって、一万円を渡すので取りに来ませんかというと、引き取りますということになって、それからは、毎年一万円で引き取ってもらっています。

古本市は平田哲という大先輩の勘違いから始まったということです。

センターは、今もいくつかの市民運動の事務所、連絡先になっていますが、けっこう自由度があるほうだと思います。

一九八〇年代の指紋押捺拒否の闘い

指紋押捺拒否の闘いのときは、学生センターが「兵庫指紋押捺拒否を共に闘う連絡会」(兵指共)の事務所でした。当時、学生センターの理事長をしておられた社会党の河上民雄先生が代表をしてくれていたんです。

これができる前は、申京煥裁判を一緒に運動した西宮の林弘城《イムホンソン》が第一号でしたか、あるいは金《キム》得三《ドクサム》牧師の娘さんの金美恵《キムミヘ》さんでしたか。(仲原「一九八二年の林弘城が第一号や」)。そうでしたか。何人か拒否者が出て、連絡会はその後です。

朝日新聞の小尻知博記者のことがレジメに出てくるわけですが、そのまえに、金成日《キムソンイル》さんのことを話す必要があります。金成日さんも申京煥裁判を一緒に運動したメンバーです。申京煥裁判闘争のメンバーは五〜六人ですが、梁泰昊さんもそうで、彼も指紋押捺拒否をしました。金成日さんは尼崎の園田で「どるめん」という喫茶店をしていますが、ほんまに儲かっていないから、みなさん、行ってください。私も年に一回は飲み会をするようにしてるんですが……。金成日さんが拒否して、逮捕されるんですね。その日の夕方、釈放されるんです。神戸の検察庁から出てくるんですが、そのとき、彼が変な器具を使って指紋を採られたと話すんです。私らみたいな拗ねた（笑）活動家は「酷いことしよるな」、捕まった以上指紋を採られるのは仕方ないことで、「兵庫県警、酷いことやんな」で、そこまでなんですけど、小尻記者は違ったんです。小尻さんは全国ではどうなっているか調べたんですね。器具で指紋を採るなんてことはないんではないかと。翌朝、朝日新聞の一面トップ記事にこのことを大きく取り上げた記事を書いたんですよ。

金成日さんの支援はこのセンターでやっていまして、小尻記者もしょっちゅう来ていました。マスコミ人ですから、「明日、載せます。他のマスコミ人には言わないようにしておいてください」ということだったんです。金成日さんはけっこう絵が上手で、彼の描いた指紋採集器具のイラストがそのまま掲載されました。

そして、次の年の五月三日に、小尻記者が殺されたんです。それはびっくりしました。小尻さんは街ネタみたいのをいろいろ書く人で、いろんな繋がりがありましたが、おそらく小尻さんが書いた一番大きな記事は金成日さんの記事だったと思います。それで、私たちは、当時、このことで狙い撃ちされたんではないかと思いました。ほんとに怖かったです。

ゴドウィン裁判

次は、「ゴドウィン裁判」(一九九〇～九七年)ですが、これは私から起こした裁判ではなく、唯一私が原告になるように仕向けられたというか、私以外にはいないということで、仕方なく(笑)引き受けた裁判です。

神戸YWCAで日本語を勉強していたスリランカ人留学生ゴドウィンさんがくも膜下出血で倒れたんです。くも膜下出血の場合は治療開始が早ければ早いほどよく、時間が経てば命をなくすことになります。幸い命を取り留めても障害が残ったりするわけですね。彼の場合はたまたま友だちが下宿を訪れ、早期に発見し海星病院に運び、その後神戸大付属病院で手術をして助かりました。万々歳なんです。ところが治療費が払えないんですね。保険も入ってないのです。それで、一六〇万円ぐらいの治療費がかかったんですけれども、それを神戸市が生活保護費で支払ったわけです。

本来なら、それで終わりなんですね。ところが、神戸市が生活保護費で支払ったことが〝美談〟として新聞に載ったんです。載ってなかったら何も問題がなかったんです。すると、厚生省が、永住者と定住者の生活保護はいいけれど、留学生の生活保護はダメだと言い出したんです。

外国人労働者の支援をしている人は、高い治療費がかかるようなケースの場合、最終的に生活保護で治療費を出すということをしてたんです。法的にも可能だし、そういうことになってたんです。ところが、ちょうど一九九〇年のことで、南米からの日系労働者の受け入れを認め、どんどんやってきた時期ですね。厚生省が神経質になってこのようなことを言い出したんですね。外国人労働者の支援をしている人々の間で、ゴドウィンさんのことが話題になったんです。そのとき、指紋押捺問題で、私がさんざんお世話になっていた弁護士さんで外国人労働者問題に取り組まれていた何人かの弁護士さんから、私が説得されて原告になったんです。

一六〇万円のうち、一二〇万円が厚生省で残りは神戸市の負担という内訳なんですが、厚生省が一二〇万円の支払いを拒否したんです。そしてそのお金を仕方なく神戸市が払うことになったんです。そこで、神戸市の納税者である私、多額納税者ですので(笑)、その神戸市の納税者が唯一裁判できるということで、私が原告になるように説得されたんですね。指紋押捺では、原田紀敏弁護士とか、京都の小山千蔭弁護士とか、菅充行弁護士とかが裁判せんとあかんいうんですね。それで何人か集めて「ゴドウィン裁判」の原告団をつくり、私が団長になりました。神戸市に厚生省から一二〇万円を取り返しなさいという裁判もできるのですが、この裁判は神戸市は悪くないので、厚生省を相手に一二〇万円を神戸市に支払えという裁判をしたのです。結果的には、七年後の一九九七年六月に最高裁の上告棄却で敗訴でした。

朝鮮人・中国人強制連行・強制労働を考える全国交流集会（一九九〇〜九九）

この交流集会のことを最初に言い出したのが、宝塚の鄭鴻永さんです。兵庫朝鮮関係研究会の徐根植さんも今日この会にお越しですが、兵庫朝鮮関係研究会の中心メンバーでした。一九九〇年代は強制連行研究が進んだ時期だったんですね。『朝鮮人強制連行の記録』を一九六五年に書かれた朴慶植先生は、この会ができたことをお喜びになって、亡くなられるまで毎年、参加されていました。そういう全国ネットワークとかの事務局はここ学生センターに置いていました。いろんな市民運動がありますが、連絡先が困りますよね。兵庫在日外国人人権協会の連絡先になっている黄光男《ファンガンナム》さんとこなんか、変な電話がかかってきたりして、困ることがあるのではないでしょうか。学生センターも指紋の問題のときなんかよくかかってきてましたけれど、あれは少数の人がかけてるみたいですね。淡路にひつこい人がおるんですけど……、八〇年代に「在特会」の先陣みたいな人がかけてきていました。学生センターは営業してるんで困るんですけど、一時間ぐらい怒鳴っている人もいますね。南京大虐殺関係は特によくかかってきますね。南京大虐殺関係で新聞に新しい電話番号が載ったら必ずかかってきますね。

学生センターはもう有名になっていますので(笑)、このごろはかかってきません。

第一回目の全国交流集会は名古屋の金蓬洙《キムボンス》さんという人が中心になって、一九九〇年夏に開かれました。翌年は西宮で開きました。このなかにも参加された方もおられると思います。全国のいろんなところで開かれたんですが、一九九九年の第一〇回で終わってしまったんです。

運動における内部論争というのはややこしいというのがありますね。そのせいで、九九年には終わって、そのあとは「全国交流集会世話人会」が主催するのではなく、各団体が勝手に主催するということでフィールドワークをするなどしていました。そしてしばらく時間が空きますけれど、「強制動員真相究明ネットワーク」（二〇〇五年一二月〜）にも繋がっていきます。

韓国が民主政権になって、「強制動員真相究明」の新しい法律ができて真相究明委員会が設置されましたが、日本では政府として調査をしませんので、民間サイドでつくったのが、この「強制動員真相究明ネットワーク」です。「全国交流集会」とはメンバーもダブっていまして、その延長線上のものという位置づけもできます。事務局は学生センターです。

そして、二〇一四年一〇月ですが、「強制動員真相究明ネットワーク」は韓国で「林鍾国《イムジョンクク》賞」（※8）という知る人ぞ知る賞をもらいました。五〇〇〇万ウォンです。ちょっとびっくりしました。円高のときは四〇万円ぐらいでしたが、今は円安で五四万円もありました。韓国に行ってもらってきました。ありがたいことで、活動資金にさせていただいています。

阪神淡路大震災、そしてＮＧＯ神戸外国人救援ネット

兵庫には、震災前からコリアン関係のグループもけっこうありました。南米もペルー人などを支援する集まりなどもありました。地震のおかげで、外国人関連グループが一挙にあつまったんです。そして、「ＮＧＯ神戸外国人救援ネット」というのができたんです。これは、三宮のカトリック中央教会に事務所をおかさせていただいています。センターが連絡先ではありません。初代の代表はカトリックたかとり教会の神田裕神父でした。二代目が私です。

当時、治療費を支払えない外国人被災者がいるということがけっこう大きな問題になったので

す。また、「GONGO」というGOVERNMENT（行政）とNGOとを合わせた造語ですが、行政とNGOが同じテーブルについて会議をするという話し合いの場ができました。一年ほどやりました。GONGOでいろんなことが話し合われました。

当時、「一勝一敗一引き分け」と言っていました。「一勝」というのは、日本赤十字がいろいろややこしいことを言ってオーバーステイの人の二〇万か三〇万円かの災害見舞金を支払わないというのがあって、これに対しては私たちのほうが押し切って、日赤が払うようになりました。「一勝」です。

治療費のことは「一引き分け」になります。私たちの要求である災害救助法による救済はされませんでしたが、兵庫県が私たちの「治療費肩代わり基金」をするぞというおどし（笑）によって救われることになりました。

次の「一敗」というのは、大きな災害で世帯主が死んだら五〇〇万円、世帯主以外は半額の二五〇万円が災害弔慰金としてもらえるんですが、神戸地震のときに外国人でもらえなかった人が三人いたんです。亡くなった方が特定でき、受けとれる遺族もいるので、そりゃ、おかしいだろうとでやりあったんですが、それは最後までダメだったんですね。仕方なく、私たちは民間弔慰金としてそれぞれに一〇〇万円をお支払いしました。それで、「一勝一敗一引き分け」といっているのです。

また、神戸外国人救援ネットとしては、その取り組みの延長線上で、二〇〇五年九月に、「第一回多民族共生教育フォーラム」（※９）（九・二五〜二六、私学会館）をしたり、二〇一三年には「移住労働者と連帯する全国ネットワーク（※10）」（甲南大学フォーラム）を行なったりしています。

また、震災の翌年のことでしたが、学生センターが事務局となって、『神戸黒書』（一九九六年一月一七日）を発行しています。当時神戸市も被災しました。そんななかで、どこまで、行政の責任を追及するのかが悩ましいところだったんです。最もきびしく追及しようとしたのが神戸大学の早川和男さんのグループなんですね。どこに事務所を置くかといえば、このセンターになったんですね。長田のほうでなんであんなにたくさんの人が死んだのか、都市開発でほったらかしにしたからではないか、そうすると人災だ。そういう話になったんですね。外国人政策にも問題があるということも、私が書きました。そのようなことなどを書いた神戸市の姿勢を問う『神戸黒書――阪神大震災と神戸市政』（労働旬報社、一九九六年一月）を出したのです。

「阪神教育闘争」

一九四八年の阪神教育闘争における神戸の闘いは全国的に有名な話なんですね。一九四五年から一九五二年まで、ＧＨＱが支配していた日本で、唯一、非常事態宣言が発布された事件ですから、大事件なんですが、金慶海先生が最もこだわっておられたテーマです。金慶海さんは当時の朝鮮人の学校に在校生としておられた人でもありますからね。それで、一九八八年の四〇周年のときに、金慶海先生が資料集を出版したいということで、分厚い本を出したんです。『在日朝鮮人民族教育擁護闘争資料集（第一集）』（一九八八年、金慶海編、明石書店）です。金英達さんがかなり資料集めの手伝いをしています。第一集と第二集がありまして、第二集のほうは、『在日朝鮮人民族教育擁護闘争資料集（第二集）』（一九八九年、内山一雄・趙博《チョウバク》編、明石書店）です。これも、金英達さんが多くの仕事をしています。

一九九八年の五〇周年のときは、韓国から遺族を招こうとしたんです。その二年前の「長田マダン」のときに、金英達さんが、一九四六年当時朝連（※11）の委員長で逮捕され、釈放後すぐに亡くなられた朴柱範《パクチュボム》先生の写真を飾って阪神教育闘争のときにこんなことがあったという写真展を企画したんです。そしたら、その写真を見た人が、今韓国にいる朴柱範さんの娘さんと今でも交流があると言われたのです。三宮に住んでる人ですが、そういう方が現れたんです。朴柱範先生のご遺族のことがわかって、五〇周年のときに韓国からお招きしようということになったんです。

金慶海先生は朝鮮籍で、その時代は朝鮮籍では韓国に行けなかった時代なんですね。それで、私が訪韓してご遺族にお会いして、それで招いたということでした。

六〇周年の二〇〇八年のときは、きょう参加されている金信鏞《キムシニョン》さんとか池田宜弘さんが六〇周年の事業をして、大変だったでしょうけれど、朝鮮学校の旧神楽小学校（現、長田南小学校）にあった民族学校の「校名碑」ができて、資料室もできました。

神戸電鉄敷設工事朝鮮人犠牲者を調査し追悼する会

こうやって見てくると、私は金慶海先生のあとをついていったという感じですが、神戸電鉄敷設工事朝鮮人犠牲者調査のこともそうですね。一九九六年一〇月にモニュメント（※12）ができたんですね。震災の翌年です。これも、神戸市とか神戸電鉄とかと交渉しているんですが、この交渉も難航したんですが、完成しました。

金慶海先生が、どの本かは忘れましたが、神戸電鉄のモニュメント建設の顛末を書かれています。最初に相談にいったときの神戸市の担当者がいろいろアドバイスしてくれたことも大きかったと思います。

金慶海先生の顛末記は裏話を書きすぎなんですが（笑）、書いておかねばいけませんね。記録を残しておかなければ分からなくなりますから。

神戸港における戦時下朝鮮人・中国人強制連行を調査する会

人権協会代表の孫敏男《ソンミンナム》さんもメンバーでしたので、『四〇周年誌』にも記録がありますが、学生センターを事務所にして活動し、二〇〇八年七月にモニュメントを完成させています。これも裏話としてはどっかに書いとかなければなりませんね。このモニュメントは神戸市と交渉が決裂して、神戸市の市有地にモニュメントを建てることはできなかったんです。モニュメントは民間の華僑歴史博物館のあるＫＣＣビルの前にできています。南京町西門から南へ行ったところで、ホテルオークラから北側の二号線を挟んだ山側の少し西側です。

会の名前は「朝鮮人・中国人」の強制連行ですが、連合国捕虜も調べたんですね。連合国捕虜も調べたほうがバランスもいいし、日本人受けもいいしという邪《よこしま》な考えでやったんですが、これはマチガイでした。それぞれが大変で、連合国捕虜もほんとうに大変な目にあっています。

朝鮮人も中国人も、また連合国捕虜も生き残った方とお会いすることもでき、招待することもできました。

三冊のガイドブック

①『兵庫のなかの朝鮮―歩いて知る朝鮮と日本の歴史』（明石書店）兵庫県在日外国人教育研究協議会（県外教）（※13）、兵庫朝鮮関係研究会、むくげの会

②ひょうご部落解放・人権研究所の『人権歴史マップ』

③小城智子さんの「平和マップ」

①の『兵庫のなかの朝鮮』は、フィールドワークノートみたいなもので、この本の発案は金英達さんです。それを作っているときに、金英達さんは亡くなってしまいました。『奈良のなかの朝鮮』、『東京のなかの朝鮮』とか、いろいろ出ているんです。ほかのところは、少人数で書いているので古代に偏っていたりする場合があったりするのですが、兵庫の本は執筆者がいちばん多いのではないでしょうか。古代から現代までバランスよく書かれています。

②の『人権歴史マップ』は、丹波版とか、但馬版とか、兵庫の全地域が出されています。最後に淡路だけが残っていましたが、最近、神戸版の増補改定版として、神戸・淡路版を出したんです。これはけっこういいですよ。ガイドなしにフィールドワークができます。

部落の歴史、朝鮮人のこと、中国人のこと、空襲とか、人権に関するあらゆる領域が出てきます。兵庫の部落解放研究所はけっこう幅が広いのではないかと思います。

③は「平和マップをつくる会」というのがあって、私と「神戸空襲を記録する会」代表の中田政子さんが共同代表をしています。事務局は学生センターです。小城智子さんがほとんどひとりでがんばっている感じです。各区二枚、ここに長田区のものがありますが、南部と北部の二枚があります。自分で歩いて、調べて作っています。いま、六区分ができ上がっています。西区と北区と須磨区が残っていて、須磨区がもう直ぐでき上がるということです。（※二〇一六年六月に北区版ができて、残るは垂水区版だけとなっている）

小城智子さんは学校の先生でしたが、退職して一年半ほどでこれだけを作られたんです。学校には無料で配っていますが、皆さんには一枚二五〇円で買っていただいています。

南京大虐殺絵画展〜神戸・南京をむすぶ会

南京大虐殺絵画展を、一九九六年、震災の翌年に開催しました。ニューヨークの画家たちが南京大虐殺をテーマにした作品、かなり大きいサイズの作品を描いたんです。その絵画展を各地でしていたんです。神戸でもしたいということで企画したんですが、けっこうハードな作品で、私たちは丸木位里・俊の作品と「南京大虐殺の図」を一緒に展示しようと考えたんです。丸木位里・俊の南京大虐殺の南京大虐殺の絵はもっと大きく、この部屋の壁面より大きいです。三メートル・八メートルですからね。それを王子ギャラリーでしたんです。

九五年秋に、神戸在住の華僑の活動家の林伯耀さんと南京大虐殺研究者の松岡環さんが、来年のゴールデンウィークくらいに企画しないかと来られたんです。それで、企画をすることになりました。けっこう右翼とのやりあいがありましたが絵画展は成功しました。そのときのボランティアが三〇人くらいいまして、一度南京に行こうということになったんです。

そして、一回だけの南京ツアーのために、「神戸・南京をむすぶ会」をつくったんですが、それがおもしろくて、それ以来、毎年行くことになっているんです。最近は、県外協との共同プログラムになって、いまも続いています。

「神戸・南京をむすぶ会」の活動ですが、毎年一二月には幸存者を招待して証言集会を開催し、八月には中国を訪問しています。二〇人くらいで行っていますが、南京→台湾、南京→海南島など、次々と新しいところに行っています。行った人間が翌年の新しい場所を決めるのでやはり行くことになり、常連が一五人ぐらいになっています。

ＳＣＭ（学生キリスト教運動）現場研修（生野・釜ケ崎）の再興

若いキリスト教の学生を、コリアンの多い生野と、日雇い労働者の多い釜が崎を現場にして研修するという企画もあります。これも事務局は学生センターです。しょぼくれた時期もあったのですが、今年なんかは一五人も集まったんです。一九、二〇、二一歳の学生が一五人も集まるというのはめずらしいでしょう。今年は一五人で、四泊五日で行ないました。

神戸空襲を記録する会

空襲というのは、どちらかというと被害者の立場で、マスコミも大きく取り上げる傾向があります。これも、「神戸空襲を記録する会」の戦後五〇年のイベントのときに、金慶海さんに巻き込まれました（笑い）。「空襲と外国人」というテーマで報告してほしいということだったんです。それ以降、「神戸空襲を記録する会」と繋がりができたんですけど、昨年は御影公会堂で全国大会をしたり、この五月一七日には「戦後七〇年・内橋克人講演会」を神戸文化ホールで開催しました。申込み先はセンターになってますけど、私らがコリアン関係でイベントをしたらこんな反応はありませんが、驚くほどの反響です。文化ホールですから九〇〇人の会場なんですが、毎日、申込みのファックス・メールが学生センターにたくさん届いているんです。

この「神戸空襲を記録する会」は、神戸の空襲と華僑のことや、コリアンのことを調べてやっていますから、金慶海さんとの関わり方もよかったんではないかと思います。

まとめ

①頼み、頼まれ……、ひょうたんから駒

さっきの「ゴドウィン裁判」のことなどもそうですが、頼み、頼まれ……がよくあります。「頼まれる」ということはいいことなんですね。処理する、それなりにこなすというのはおかしいですが、頼み甲斐があったと思ったら、また頼まれる。それも良し悪しなんですが、まあいいことです。

そして考えている以上におもしろい展開があったんです。それで「ひょうたんから駒」ということもあるんですね。

②オールドカマー派からニューカマー派に転向？

私はずっとコリアン派でオールドカマー派なんですが、けっきょく「頼み、頼まれ……」で「ゴドウィン裁判」をやり、ニューカマー派のように思われてしまったふしがあります。一般的にいわれていることは、コリアン関係の人権運動のニューカマー派への「接続」が悪いんですよね。しかし、私の場合は「ゴドウィン裁判」があって、早くからニューカマー派に転向、というように思われたようです。

「ゴドウィン裁判」があったからこそ、阪神淡路大震災のときの行政とのやりあいは、「ゴドウィン裁判」で負けた生活保護のことを持ち出さず、別の視点で、災害救助法で何とか行政と交渉

をしていったというのがあります。

③コリア派から中国派への転向？

そんなに完全に転向してませんが、中国のおもしろさも感じています。

④拠点としての学生センター（人、モノ、空間、印刷機、金はない）

人、モノ、空間、印刷機……、こういうものはだいじですよ。震災のときも、学生センターには絶えず人がいるわけですから支援活動もスムーズになります。留学生に生活一時金三万円を支給するという事業にも対応できるわけです。これもだいじなことです。

⑤印刷技術史？　ガリ、ファックス、ワープロ、パソコン、製本してくれる印刷機、……

昔のファックスを、ご存知ですか？　昔「ファックス」といえば、電話のファックスではなく、手書きの原稿をいれると、こちらからガリ用の原紙が出てくるという優れものでした。それまではガリを切るしかなかったんです。一枚のファックスを仕上げるのに一五分ほどかかりましたけどね、画期的だったのですね。仲原先生は今でもガリ切りの名手ですけど……。パソコンはぜんぜんあきませんが……。

ガリから、ファックスができて、太い字を黒く書くのに鉄筆でガリガリとつぶさなくてよくなったのです。その後ワープロができた。パソコンができた。それに、センターには製本してくれる最新式の印刷機も入りました。でも、手書きもいいんですよ。「むくげ通信」は当初手書きで出していました。字をみたら誰が書いたかわかるんです。それがいいですね。梁泰昊さんの字もすぐに分かります。

一応、学生センターはそれなりの事務所ですから、リース業者がけっこう来るんですよ。ふつう、市民運動団体だったら、五年リースすれば、そのまま五年間いくんじゃないでしょうか。センターは三年くらいしたら、「いまのリース代より安く新しい機械を入れる」と業者が来るんですよ。そしたら、直ぐに乗るんです。だから最先端の機械が入っているということなんです。

⑥研究会は、二名なら流会、三名ならする

これは、金英達さんと決めたことなんです。青丘文庫の研究会もいまは一五人くらいが来ます。むくげの会は七〜八人でやっているんですね。少ないときは二〜三人というときがあるんですよ。むかしのケミカルシューズのビルで行なっていた青丘研究会では、私と金英達の二人でそのときは流して、堀内さんが来て三人になったときは開いたりしていました。

研究会をいろいろしていますけれど、この原則はいい原則だと思っています。もともとは、兵朝研（兵庫朝鮮関係研究会）の原則だったかもしれません。

⑦わりと「歴史派」

こうやって振り返ってみると、私はけっこう、「歴史派」だな(笑)と思います。

⑧一九七〇年頃のべ平連こうべとセクトとの論争？　中京煥事件でもほぼ同じ？　強制連行全国集会の中断も？　永遠の課題？

「敵とのケンカ」もさることながら、内部でのケンカが難しいんですよ。身内内でのケンカが……。私は七〇年頃、殴られたことはありませんが、西信夫さんは某セクトから、「べ平連なんか軟弱な奴」なんて、殴られたことがあるんですが……。それで消耗することが多いんです。オルグが来るんですが、それから逃げられないんです。こちらが忙しいといえば、朝五時でも、四時でも、三時でもいいというんですよ。けっきょく会わざるをえないんですよね。

そのとき、私は、「孫振斗、中京煥の問題……、いろんな事件が世の中に起こっているじゃないですか」といい、彼らは「明日、三里塚に行こう」といい、行かないんであれば「反革命」というんですね。単純な発想なんですね。こちらのほうは、いまこの問題をやっている。「大切や思いませんか」と逆に聞くと、「大切な問題だ」と一応答えるんですね。私がこれをやっているんですが、「お宅の党派はやってないでしょう」というと、「そうですね」と答えるんですね。そしたら、「ほっといてくれませんか」といって、もっとていねいにいいますが、お引取り願うんです。

中京煥の問題のときは、内部で対立が起こりました。韓国人の青年組織でした。韓国民主化闘争に関連づけるというか、民主化闘争のために、この事件をどのように捉えるか、その位置づけをして、そのために大きく展開しようということになるのです。それと、強制送還されないようにするためにはどうしたらいいかというのは対立するんですね。中京煥グループには東京に有吉克彦さんという長けた人がいまして、とにかくややこしかったんですが、その人も来てくださって、月に一回、学生センターとか御影のクリスチャンセンターとかで会議をして、最終的に宝塚以外のグループの活動を凍結にしたんですよ。東京の「中京煥君を支える会」も、「東京グループとしての発言は今後一切してはいけない」として、一切凍結にしたんですね。その「凍結書」をきのう探したら、ないんです。もしお持ちの方がおられたら、私に送ってください。(※後日、発見しました)

強制連行集会も早い話、それでなくなったんです。強制連行集会も、最初の予定では全国四七都道府県の三〇~四〇県に世話人を一人ずつおいて、全国的に展開しようと考えていたんです。二〇ぐらいまで行ったんじゃないでしょうか?(会場から「一〇回、代表は一五人くらい」)。その一五人の代表が世話人会をつくって、そこが順番に集会を主催していったんですよ。

そのなかに、一人、政治路線的なことを言う人がいたんです。集会の前日に現地に乗り込んで、この宣言文はナマッチョロイなんて文句をつけるんです。北海道をアイヌモシリといわなかったら、アイヌ問題の本質を認めない犯罪的なことだとか、沖縄を日本の植民地と位置づけない運動は犯罪的だとかいうんです。いうのは勝手ですが、強制連行集会の準備を一生懸命しているところに行って、そういうことをいうんです。せっかく引き受けてくれているんですよ。私たちが行く前に、現地に入り、いじめるんですよ。けしからんですよ。

ほんとうはそういう人を辞めさせたらいいんですが、世話人の一人である以上、そういうわけにもいかず、全国世話人会主催の強制連行集会をやめることにしたんです。そのあとは、各地の団体が勝手に主催して、「みなさん、来てください」というような方式に変えました。

鄭鴻永先生が一番怒ったんですけれども……、毎年、「来年、お宅とこで開催したらどうですか」と、鄭鴻永先生と私がオルグに行くんです。あるときその某グループのところに行って、その話をすると、断られたんですね。唯一断られたのがそこなんです。断ったところが引き受けられたところに行って嫌がらせをする。けしからんですね。

これは永遠の課題ですね。ここのような内部的な消耗的なことがなかったら、いろんな運動はもう少し進んでいたんですよ。こういうことで消耗して活動をやめた人はけっこう多いんですよ。

⑨わりとこの世代にしてはITに強い？　ハングルワープロがでたときの衝撃（むくげ愛唱歌集）、パソコンが人間に近づいてくる？　メーリングリスト、「オカリナエッセイ」のためにブログスタート、Facebook、ツイッター（関西NGO協議会）

仲原先生に当てつけではないんですが、私は六四歳ですが、割とITに強いんです。

ハングルのワープロが、韓国に先駆けて日本でできたんですね。画期的なことでした。昔だったら、ハングルタイプライターを少し上にあげて打ち込んでから下にパッチムを打つというようなことをやっていましたが、在日の技術者がコンピュータを駆使して、ハングルワープロをつくったんですね。感動しました。そのテスト機を借りて、『むくげ愛唱歌集』の目次を作ったんです。

私はパソコンが強いといっても、基本は分かっていないんです。私は分かりにくいパソコンの入口と出口が近くなってくると、勉強せんでも向こうから近づいてくるという説だったんです。待っていたらパソコンがだんだんと使いやすくなってきたということなんです。プログラムの勉強は全くしませんでしたが、それはよかったと思います。MS‐DOSなんかを勉強してもウィンドウズになれば何の役にも立たなくなりましたから。

メーリングリストなんかもけっこう好きなんです。新しい事務局の担当をすることもありますけれど、条件は「すべての事務局員がメールを使っていて、メール以外の方法で連絡しなくてもいい」ということです。（会場「どのくらいの数のメーリングリストをもっているんですか？」）。二〇ぐらいかな。

これは別の話なんですが、私はオカリナなるものをやっていまして、これもひょうたんから駒なんですが、播磨町のオカリナ奏者の鄭光均《チョングァンギュン》さんの演奏会をセンターでやったんですが、それを聴いて、私もやろうと思ってしたんです。最初、ものすごく練習しました。最近はだいぶ飽きてきて情熱を失っていますが、オカリナのエッセーを書こうと思ったんです。〝オカリナ事始め〟

のようなものをかくために、ブログを始めました。けっきょくそのエッセーは全然だめでしたが、ブログはそれなりに続いています。

フェイスブックとか、ツイッターとかありますが、ツイッターはやめたほうがいいですね。ツイッターは二〜三時間の世界ですね。フェイスブックは三〜四日の世界ですね。ブログは二〜三週間の世界という感じです。そのツイッターも、関西ＮＧＯ協議会の役員をしていたときに、若い人がツイッターでフェアトレードのイベントをするというんですよ。ツイッターを使って、××に△△時に集まってイベントをするというのです。へえ、こんな方法があるのかと思って、やってみたんですが、すぐに卒業（笑）しました。

⑩大学闘争のときの同級生の一言

大学闘争のときの同級生の一言にすごく感謝してるんです。素敵な女性でした。当時、大学の先生を捉まえて団交をしました。いまから思ったら、反動的な先生は出てきてくれないから、討論にならないんですよ。ちょっとわかった先生が私たちと付き合ってくれて論議の対象になるんです。われわれはいろんなことをいって、相手をやっつけるんですが、そのとき、最初はちょっと話を広げて、いろいろ言わしておいてですね、その言葉尻を捉えて、最後に退路を絶って、ばたっと倒すようなことをするじゃないですか。そういうことを私もしていたんです。すると、その同級生の女性が「飛田さん、コワイ」といったんです。退路を絶って倒すような言葉を使うことはあかんことなんですね。そのような作風はいけないのですね。同級生も怖がるようなことをしたらあかんと思ったわけです。

⑪阪神淡路大震災以降、より優柔不断、フレキシブル、なるようになる

運動だといっても私は仲間を怖がらせるようなことをしてはいけないなどと反省しながら活動をして、その延長線上に少しは優しくなったのではないかと思います。もともと柔軟性がある方だとは思いますが、震災以降、よりフレキシブル、実際は優柔不断、流れにのってしまおうという側面がより強くなったように思います。

⑫強いネットワーク、軽いフットワーク

これは、「NGO神戸外国人救援ネット」二〇周年誌をつくっていて、ニュースのバックナンバーにあった、私が書いたキャッチフレーズです。最近、再発見(笑)しました。このキャッチフレーズを大切にして、引き続きやっていこうと思います。

―質疑応答―

《質問》神戸学生センターの名称について

元々は「六甲キリスト教学生センター」だったんです。一九五五年の設立です。七〇年まで昔の建物でした。八〇〇坪の土地に、木造の家が二軒だけあったんです。アメリカの宣教師団が買い取って、宿泊事業も始めたんです。私は、昔はもっと真面目に教会に行っていたんですが、その頃キリスト教の高校生交流会なんかに使っていて、私もここの旧学生センターに来たことがありました。アメリカの長老教会が、神戸大学や外大があるということで、バイブルクラスを開いたりしていて、それで六甲キリスト教学生センターだったんです。

それを新しく市民活動センターに変えるときに、学生だけではちょっとさみしいので、ほんとうは「学生青年成人」くらいにしてたらよかってんけど、それで「学生青年」となったわけです。一九七二年から青年が入りました。一挙に「神戸市民センター」くらいにしておいてくれたほうがよかってんけどね。元々学生伝道のためにお金を出したアメリカ側の考えがありましたから……。

《質問》飛田さんの社会問題に対する意識の芽生えはいつごろから……

家庭はけっこう開明的でした。父親とも論争したことがありました。六九年か七〇年かに広島でシージャックした男が射殺された事件があって、狙撃されて犯人が死ぬんですが、父親がそれは仕方ないといったんです。それで、お姉さんとお母さんを審査員にして(笑)、二時間ぐらい論争をしたんです。内容は忘れたんですが、いまだったら私も「仕方ない」といったかもしれませんが（笑）、そのときは、射殺はおかしいという私の意見が正しいことになったのです。

ですので、社会問題の意識というのはかなり早い時期からだといえます。

《質問》なぜ、飛田さんは農学部だったのですか。

まじめに農業をしたかったのですよ。私の叔父が鳥取砂丘で養鶏場をしてましてね、小学校のときにそこに行って養鶏とかがしたくなったんです。農学部に行って、大農場主の娘と結婚して農場で働きたいと思っていたんです（笑）。

初志貫徹して農学部に入ったんですが、直ぐに「転向」しました。救われたのは園芸農学科に入ったんですが、園芸農学科に四つか五つある教室のなかに農業経済教室があったんです。農業経済教室が園芸農学科の中にあったんですよ。他の専攻であれば卒業できなかったかもしれませんね。卒業論文もマスター論文も朝鮮史みたいなことを書きました。学生センターで、農塾みたいなこともしているけれど、私は木の名前も知りませんし、農場実習は一応したことがありますけれど、あきませんね、農作業すればすぐに腰が痛くなりますし……。

《質問》飛田さんがクリスチャンの家庭で育ちその影響を受けて育ちながら、なぜ洗礼を受けなかったのか、そのあたりの事情を、話せる範囲で……

洗礼は二種類あるんですよ。ふつうの洗礼（笑）と幼児洗礼というのがありまして、幼児洗礼というのは親が子どもに洗礼を受けさせるんです。幼児洗礼を受けている場合は、おおきなってもう一回洗礼を受けるんではなくて、「信仰告白」というのをするんですよ。やっぱりこれで行きますという具合に。私はそれをしたんです。中学生のときに、真面目なときに（笑）。幼児洗礼を前提に信仰告白をしているので、私は教会的には、れっきとしたクリスチャン（笑）といえます。

私のお祖父さんが牧師で、私に幼児洗礼なるものを授けて、こうなっているんです。うちのお祖父さんはキリスト教界では有名な人でした。何が有名かといえば、同志社大学の戦時下抵抗の歴史研究の本（※14）に、抵抗しなかった人の代表として出てくるんです。東京によれて、「日本基督教団」という団体が国策で、一九四一年にキリスト教が統合されてできるんですが、そのときの事務総長なんです。それで、次の日に、統合しましたといって、教団ナンバーワンとツーが伊勢神宮に行くんですが、そのナンバーツーの鈴木浩二（※15）というんですが、その人なんです。同志社大学系の人です。

便利でいいのは、キリスト教関係のところで話をしているときに、「鈴木浩二の娘の息子です」というと、それだけで「そうか」ということになるんですよ。

教団が海軍に零戦を献納したり、いろいろあるじゃないですか。「日本基督教団より大東亜共栄圏に在る基督教徒に送る書翰」なんかもあるんですがお祖父さんの名前がよく出てきます。

川崎の川崎昭和電工で強制連行された朝鮮人宿舎の舎監になった牧師がいて、脇本寿さん（※16）といいますが、その人の本を学生センターで出したんですが、そこにもお祖父さんの名前が出てくるんですね。

学生センターもキリスト教関係の施設で、私が三代目の館長となったでしょう、ある時期、「飛田君、館長になるため、通信教育でいいから、牧師のライセンスを取ったら」ということもあったんですよ。私がそうすれば、それが次の代にも残っていくでしょう。それはよくないと思って、断固（笑）拒否したんですね。韓晳曦さんからもよく「飛田君、牧師のライセンスを取りなさい」といわれました。

《質問》七〇年の入管問題なんかに関わっておられたんですね。その時代のことを……

一九七〇年の「七・七華青闘告発」（※17）というのがありますが、その七・七の前に、西信夫さんの代わりに会議に行って、華青闘に直接糾弾されるということがありました。六九年に入管法が提出されましたが、大学管理法案も出て、そのあおりをくって入管法が廃案になりました。その次の年にまた出てきたときに、「君たちはまた入管法が出たらがんばってるけどね、廃案になったらほったらかしにするんでしょう」とチクチクといわれたんです。君たちはなんかあったらやるけど、ぜんぜん日常的じゃないからと、中国人や朝鮮人からいっぱいいわれました。いわれてもしょうがないし、なら、心に決めてやっていこうと思いました。

そのあと、「七・七華青闘告発」で華青闘が運動団体を批判するんですね。それを受けて、中核派が「模範解答」を書いたというて（笑）、他のセクトを攻撃したんですね。我々が一番正しい、この域に達してないとダメだとかいって、それで混乱が起こったんですが……。

《質問》飛田さんと韓晳曦さんとの出会いについて

京大人文研の「姜在彦・飯沼二郎ゼミ」に、私も学生時代行っていたんですが、そこに韓晳曦さんも来られていました。韓晳曦さんは学生センターの理事でもあるんですけど、そのまえから知ってたということです。

青丘文庫の名づけ親は姜在彦先生で、姜在彦先生の指導のもとで、韓晳曦さんが青丘文庫の蔵書を収集したんです。

京大人文研の飯沼二郎先生の教室は、表向きは飯沼先生の主催でしたが、姜在彦先生が内容的には中心となって、そこに「朝鮮民族運動史研究会」を立ち上げたんです。

飯沼先生はいろんな根回しをされる方で、韓晳曦さんの『日本の朝鮮支配と宗教政策』（未来社、一九八八年）の生みの親といえます。私も『日帝下の朝鮮農民運動』（未来社、一九九一年）を出させていただきました。なかなか作業が進まなかったのですが、飯沼先生は、すでに書いた論文を、まったく書き換えなくてもいいから、こういう順番にならべて、あと、前書きと後書きを書いて、そのまま出版したらいいのだとアドバイスしてくださいました。それで出版できました（笑）。

〈注〉

※1　民青学連事件

一九七四年四月に大韓民国維新政権が発した緊急措置により、全国民主青年学生総連盟（民青学連）の構成員を中心とする一八〇名が韓国中央情報部（KCIA）によって拘束され、非常軍法会議に起訴された事件。のちに、「KCIAによる捏造」であったことが明らかになっている。

※2　人民革命党事件

人民革命党（第二次）事件は、韓国中央情報部（KCIA）が社会主義性向のある個人を国家保安法によって告訴した事件。一九七五年四月に韓国大法院（最高裁）は被告八人に死刑を宣告し、判決から一八時間後に刑を執行した。二〇〇五年一二月、韓国国家情報院は人民革命党事件が「KCIAによる捏造」であったと発表した。

※3　学園浸透スパイ団事件

韓国に留学していた二〇名近い在日韓国人らが北朝鮮のスパイ団であるという国家保安法違反の容疑で中央情報部（KCIA）によって逮捕され起訴された事件。一九七五年一一月二二日にKCIAによって事件が公表されたため、「一一・二二事件」として知られる。結果一六名が裁判で死刑を含む有罪判決を受けるなどして収監された。現在は、その冤罪が立証されている。

※4　孫振斗

孫振斗は一九二七年大阪で生まれ、四四年に家族とともに広島市南観音町へ移り、広島市皆実町（現南区）で被爆。父親は被爆三年目に死亡。五一年、外国人登録令違反で韓国へ強制送還。その後、密入国し、一九七〇年一二月逮捕。一九七二年一〇月提訴（在韓被爆者に対する日本政府の戦争責任を追及）。七八年三月三〇日最高裁は全面勝利の判決を下し、被爆者健康手帳を取得。二〇一四年八月二五日、福岡県内の病院で死去。

※5　申京煥事件

申京煥（一九四八年一月一五日、宝塚生まれ）が高校卒業後に仲間とともに強盗事件を起こし、一九六八年五月一四日、静岡地裁で懲役八年の刑を受けた。刑務所では模範囚として過ごし、懲役八年であったが六年半で一九七三年九月二〇日、岩国少年刑務所を出獄する。が、その場で拘束され大村収容所に送られ強制送還されそうになった。退去強制処分取り消しを求める裁判が行なわれ、裁判では勝訴できなかったが、一九七八年一二月八日、在留特別許可を得た。一九六五年の日韓条約にともなう日韓法的地位協定による「七年以上の刑を受けたものを強制送還する」という規定が適用される最初のケースとして注目された。

※6　日立朴鐘碩事件

一九七〇年八月、在日二世の朴鐘碩は通称名、新井鐘司で日立製作所の入社試験を受け採用内定の通知を受けた。しかし、自分が朝鮮人であり戸籍謄本が提出できないことを電話連絡すると日立は採用を留保し朴さんを解雇した。解雇されたことに納得できない朴は七〇年一二月、日立製作所を相手に訴訟を起こした。

日立側は履歴書に通称名という虚偽の記載をしたということで争う姿勢をみせた。しかし裁判の過程で内定を取消した経緯や在日朝鮮人の雇用に閉鎖的な日本企業の体質と民族差別意識が浮き彫りにされた。裁判は四年後に横浜地裁にて「採用取消は民族的差別を理由にした不法なものである。合理的理由がなく民族的偏見に基づく就職差別は違法である」と判決が出され、全面勝訴した。

※7　協定永住締め切り日

「日韓法的地位協定」は、一九六五年六月二二日に署名され、翌六六年一月一七日から効力をもった。第一条一項において「この協定の効力発生の日から五年以内に永住許可の申請をしたときは、日本国で永住することを許可する」となっていて、それの締切日が一九七〇年一月一八日午前〇時であった。

※8　林鍾国賞

林鍾国（一九二九―一九八九）は、韓国における親日派の追及・研究に一生を費やした韓国の在野の研究者。没後は業績をたたえて一九九一年に民族問題研究所が設立される。また、「林鍾国賞」が設けられている。「林鍾国賞」は、「親日清算」、「歴史の正義実現」、「民族史の定立」という志と精神を継承している個人と団体に授与される。

※9　第一回多民族共生教育フォーラム

兵庫県では、一九九五年震災を契機に、県内にあるすべての外国人学校・民族学校が集まって「兵庫県外国人学校協議会」をつくり、交流し、共通の課題として県からの補助金問題などに取り組み、大きな成果をあげた。この「兵庫県外国人学校協議会」が中心となり、第一回多民族共生教育フォーラムを二〇〇五年九月二五日に神戸で開催した。朝鮮学校、韓国学校、中華学校、ブラジル人学校、ペルー人学校、フィリピン人学校など、多くの外国人学校・民族学校が連携し、外国籍・民族的マイノリティの子どもたちの「教育を受ける権利」の保障を目指しての取り組みを進めるための集会であった。そのなかから、「外国人学校・民族学校の制度的保障を実現するネットワーク」（代表＝林同春・田中宏）が生まれた。第一回が神戸で行なわれ、その後名古屋、東京、大阪で開催された。

※10　移住労働者と連帯する全国ネットワーク

「移住労働者と連帯するネットワーク（移住連）」は、多民族・多文化が共生する社会の実現を目指し、移住者の権利を守りその自立への活動を支える活動を行なうネットワークとして一九九七年に発足。以降、全国で「移住労働者と連帯する全国フォーラム」を開催、神戸では二〇一三年に、神戸学生センターが事務局となって実施。

※11　朝連

在日本朝鮮人連盟の略称。在日本朝鮮人連盟は、一九四五年一〇月一五日に結成され、一九四九年九月八日にGHQにより団体等規正令に基づき解散させられた。

※12　神戸電鉄敷設工事朝鮮人犠牲者モニュメント

一九九六年一一月二四日にモニュメントが建てられた。モニュメントは沖縄の彫刻家である金城実の作品であり、神戸電鉄敷設工事で犠牲となった一三人の朝鮮人労働者が刻まれている。また、毎年一〇月第三日曜日には、神戸電鉄敷設工事朝鮮人犠牲者を追悼する集いが開催されている。

※13　県外教

兵庫県在日外国人教育研究協議会の略称。兵庫県在日外国人教育研究協議会は、一九九五年一二月から一年半の準備期間を経て一九九七年四月に発足。兵庫県内の保育所・幼稚園・学校での在日外国人教育と多文化共生教育を推進するネットワーク。

※14　同志社大学の戦時下抵抗の歴史研究の本

『戦時下抵抗の研究―キリスト者・自由主義者の場合』（同志社大学人文科学研究所研究叢書、みすず書房、一九七八年九月二六日）

※15　鈴木浩二

一九四一年六月の日本基督教団創立時の総務局長、一九四四年一一月二五日発行の現代使徒書翰「日本基督教団より大東亜共栄圏に在る基督教徒に送る書翰」は代表者：鈴木浩二の名で発行されている。

※16　脇本寿（1959‐1991）『朝鮮人強制連行とわたし川崎昭和電工朝鮮人宿舎・舎監の記録』（神戸学生青年センター出版部、一九九四年）

※17　七・七華青闘告発

一九七〇年代、日本政府は従来の出入国管理令に替わり、新たに出入国管理法の制定を進めた。この動きに反対するために、一九六九年三月に華僑青年闘争委員会（華青闘）が結成される。華青闘は出入国管理法制定阻止運動の中心組織として活動。他の新左翼党派もこの運動に共闘した。一九七〇年七月七日に開催予定の「七・七盧溝橋三三周年・日帝のアジア再侵略阻止人民大集会」の実行委員会事務局の人選を巡って、華青闘と中核派が対立する。中核派は当初実行委員会事務局を構成していたべ平連など三団体を除外し、代わって全国全共闘（全共闘の全国組織）と全国反戦連絡会議（反戦青年委員会）を入れるよう要求。華青闘はこの両団体が入管法反対運動について具体的な活動をしていないことを理由に拒否。中核派は実行委員会にこの提案を承認させた。華青闘は当事者無視の中核派の行動に反発し、七月七日の集会当日に新左翼各派に対して訣別宣言を出した。この宣言は別名「華青闘告発」ともいい、「当事者の意向を無視し、自らの反体制運動の草刈場としてきた新左翼もまたアジア人民に対する抑圧者である」という痛烈な批判であった。華青闘はこの日をもって解散した。

兵庫県在日外国人人権協会四〇年誌「民族差別と排外に抗して――在日韓国・朝鮮人差別撤廃運動（1975‐2015）」所収、原題は「神戸学生青年センターを拠点とした『反差別運動』の四〇数年を振り返って」、同会の藤川さんがテープ起こし・注付けをして下さいました。ありがとうございます。

第二章　歴史編

一九六一年・武庫川河川敷の強制代執行

　私は、一九七〇年代に宝塚の在日朝鮮人・申京煥さんの強制送還事件にかかわったが、彼は宝塚の伊才志《いそし》出身だった。伊才志には現在、公団住宅も建っているが以前は武庫川の河原であったところだ。その一角は、むかし「ヨンコバ」と呼ばれていたが、それは一九二〇年代に行なわれた武庫川改修工事の飯場跡である。武庫川の改修工事のために川の下流から上流にかけていくつかの飯場が設けられたが、ヨンコバはその四番目の飯場で、「第四工場」が語源であると言われている。（※本論文は一九八七年五月に発表されたもので、回想の部分もあるがそれはその時点でのものです。）

　申京換さんの事件当時、ヨンコバの古老から話を聞く機会があった。それによると、ヨンコバは飯場の責任者が朝鮮人であって工事のときには日本人も働いていたが、工事終了後に日本人が移っていったあと空いた家に、ツテをたどって朝鮮人が住むようになったという。今でも四～五〇軒あるが、そのほとんどが朝鮮人であり、それも慶尚南道義城郡出身の人が多いという。ヨンコバの場合、武庫川の河原であったといっても、東洋ベアリングの私有地であった関係で、戦後、東洋ベアリングとヨンコバ住民との間で売買契約が成立しており、いまから述べる一九六一年の「強制立ちのき」とは別な形で現在に至っている。

武庫川の流域には今も数多くの朝鮮人が住んでいるが、それは武庫川の改修工事、阪神工業地帯、あるいは太平洋戦争下の軍需工場の労働者として働かされた歴史が作り出したものであろう。

一九六一年といえば、「六〇年安保」の翌年である。当時、私はまだ小学生で、六〇年安保も「アンポはんたいジャムさんせい」とか言って路地裏をねり歩いた「風物」として少し記憶しているくらいのものだ。一九六一年の武庫川のことを知らなくても無理はないが、電車でよく通る武庫川の河原に二千人以上の人が住んでいて「立ちのき」させられたということは大変ショッキングなことであるが、つい最近までこのことを知らなかった。

今の武庫川の河原は、浜から宝塚あたりまできれいに整備されており、サイクリングロード、公園、ゴルフ場、野球場などが連なっている。六一年当時、兵庫県河川課が強制立ちのきを実際に行なったが、その河川課の発行による『武庫川不法占拠措置の記録』（一九六三年三月、全文三六頁）を見ることによって、その概要を知ることができる。また、同課は『昭和三六、実施／武庫川不法占拠関係』と題する新聞切抜き集も出しており、それはB４、三八頁のもので、一九六一年五月から同年一二月までの各新聞の記事が収められている。この二つの資料は三輪嘉男氏より提供していただいた。兵庫県に後日情報公開条例にもとづいて請求したが、入手できなかった。

『武庫川不法占拠措置の記録』はこの「措置」がいかに「スムーズ」に行なわれたかを誇るために出版されたような本で、出版当時兵庫県知事であった金井元彦はその「序」に次のように書いている。

戦後の武庫川は深刻な住宅難が起因して、その河川敷には、次第に雑然とした不法住宅を形づくり、河川本来の機能がそこなわれ大きな社会問題として、この除去を迫られていました。去る昭和三五年、一六号台風の来襲を契機に、一せいに立ちのきをさせることに踏み切り、以来関係者の二ヶ年余にわたるなみなみならぬ労苦と、各方面の理解と協力によって、この大きな仕事をなしとげ、往年の美しい武庫川の姿を再び取り戻し、さらに河川公園の計画がすすめられ、近い将来において、阪神工業地帯の緑の広場となり人々の憩の場として、永く愛され親しまれることになるでしょう。

今の武庫川が「緑の広場」であることには違いないが、つい四〇年程前の強制立ちのきについて記憶にとどめておくことが必要であろうと思う。

以下、『武庫川不法占拠措置の記録』などによって強制立ちのきの歴史について述べてみたいと思う。

一、武庫川河川敷の住民たち

武庫川は兵庫県篠山町を源としている兵庫県では有数の河川で、いくつかの支流を合せて、宝塚市から大阪平野に入る。そののち、西宮市と尼崎市の市境を流れて大阪湾にいたる。延長は六四キロ、流域は四五七平方キロある。

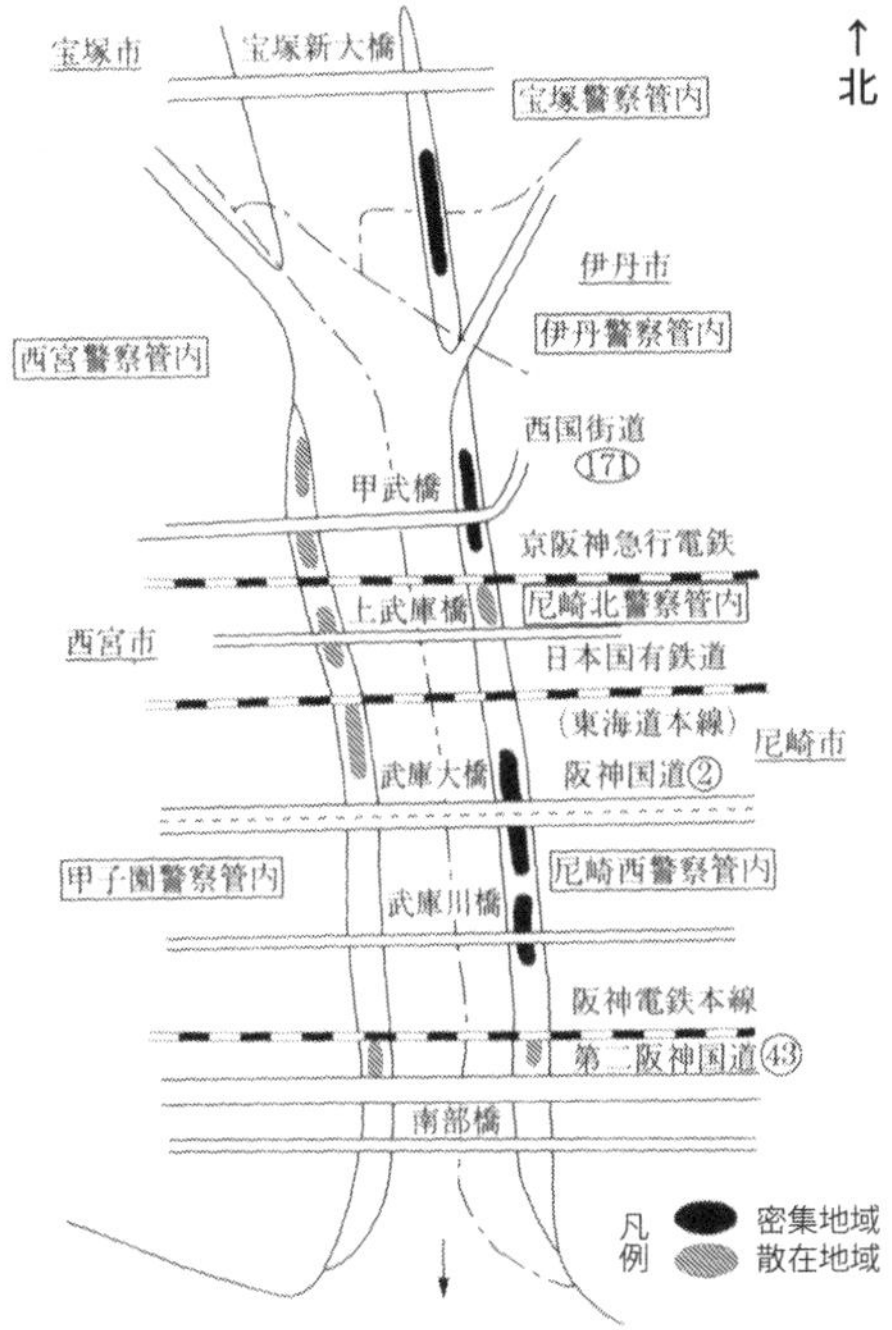

不法占拠建物分布状況

武庫川には地図のように下流より第二阪神国道、阪神電鉄、武庫川橋、国道一一号線、国鉄東海道本線、阪急電車などの橋・鉄橋がかかっているが、戦後、その橋の下などを中心に徐々にバラックなどが建てられ、一九五八年には、尼崎、西宮から宝塚、伊丹まで約六百世帯、二千人をこえる人々の住む河原となった。一九六一年当時の調査によると次頁の表のようになっている。特徴的なことは、朝鮮人、沖縄人出身者の比率が高いこと、職業としてよせ屋、ひろい屋、日雇、土工という底辺労働に従事している人が多いことである。朝鮮人は、世帯数では二〇%、人数では二四%を占めている。よせ屋、ひろい屋は、それなりに広い作業場、ないしは物置き場を必要とするので、生活していくことを考えると移転がより困難であることがうかがえる。

一九六一年六月七日付の「神戸新聞」によると、これらの人々は、「月収二万五千円以上が二二%、二万五千円～一万円が二八%、一万円～五千円が三五%、五千円以下が一五%」となっている。この数字は県当局が発表したもので、「約八割の居住者は移る気さえあれば独自の力で立ちのきができるし行き先のメドがたつはず」と立ちのきの根拠のひとつにしているものだが、低所得であることにちがいない。またそこに住む人々の年齢層は、六〇歳以上の老人が二一四人（一〇%）、一九歳までのものが九〇五人（四二%）と

総　括　表

	単位	所属市				計
		尼崎市	西宮市	伊丹市	宝塚市	
建物棟数	棟	413	96	161	142	812
世帯主	世帯	461	69	50	104	684
居住者人員	人	1,265	249	241	420	2,175

出身地別分類表

	世帯数	人　員	棟　数	世帯割合
内地人	506	1,538	565	74.0%
沖縄人	41	108	57	6.0%
韓国及朝鮮人	137	529	190	20.0%
計	684	2,175	812	100.0%

職業別分類表

	所属市				計
	尼崎市	西宮市	伊丹市	宝塚市	
よせ屋	22	3	0	0	25
ひろいや	179	20	0	0	199
日雇	68	19	15	32	134
土工	26	0	5	11	42
その他	110	41	33	34	218
無職	34	5	6	21	66
計	439	88	59	98	684

河川敷住民の分類

なっており、半数を越えている。生活保護家庭は百余世帯あったと記録されている。

行政当局は、これらの「不法占拠」に対して制限するための様々な手段を講じる。一九五八年一二月には県知事名で「立ちのき勧告」を出している。それは無視されるが、当局自身も「居住者の生活実態からみて極めて困難な問題で、客観情勢に変化を見ない限り、強制除去にふみ切ることは不可能な状態であった」ことを認めている。

このような中で一九六〇年八月、台風が襲い、河川敷の住宅のうち二三戸（六九名）が流された。河川敷の住民は家財を橋の上に運び避難するなどたいへんであったが、金井知事は先の「序」の中で、河川敷の住民のことではなくて流域住民あるいは阪神工業地帯の防災上のことを考えてのことであるとしている。また当時の阪井知事は、「この重大事態に対し緊急部長会にはかり、事はもはや猶予できないとして、次の出水期までに一斉除去するとの、最高方針を決定、県の総力をあげて、あらゆる障害を克服して実施する決意を固めた」と言っている。

二、「除去命令」から「除去戒告」へ

行政当局は、一世帯あたり五万円の移転資金を準備して、まず自主立ちのきを指導することとし「この支給を条件に自主的な立ちのき指導を繰返し行ないながら併せて代執行の手続きを進める（応じない者に対しては、移転資金を支給しない）、この資金は表向きには貸付金という」と決定した。代執行の法的な問題については、河川法（無許可工作物の築造）および河川附近地制

限令（無許可建物）違反行為に対して行なうという方針をたて、日程を次のように決めた。

	発令年月日	期限	期間
除去命令	四・二五	六・一〇	四五日
除去戒告	六・一一	七・一〇	三〇日
除去代執行	七・一四	七・二八～八・一一	一五日

また、「新聞、ラジオ等の協力を得てPRに努め、世論の支持を得ることに努める」ともしている。方針決定後、当局はすぐに実態調査を開始したが、その結果の一部が72頁の表である。調査は、各建物にナンバープレートを打った上、本籍、職業、家族の状況、収入等を調べたのである。また反対運動を抑えつけるために、反対している人々の「背後関係」についても詳しく調査したらしく、『武庫川不法占拠措置の記録』に下記のような支援団体の一覧表を作成している。

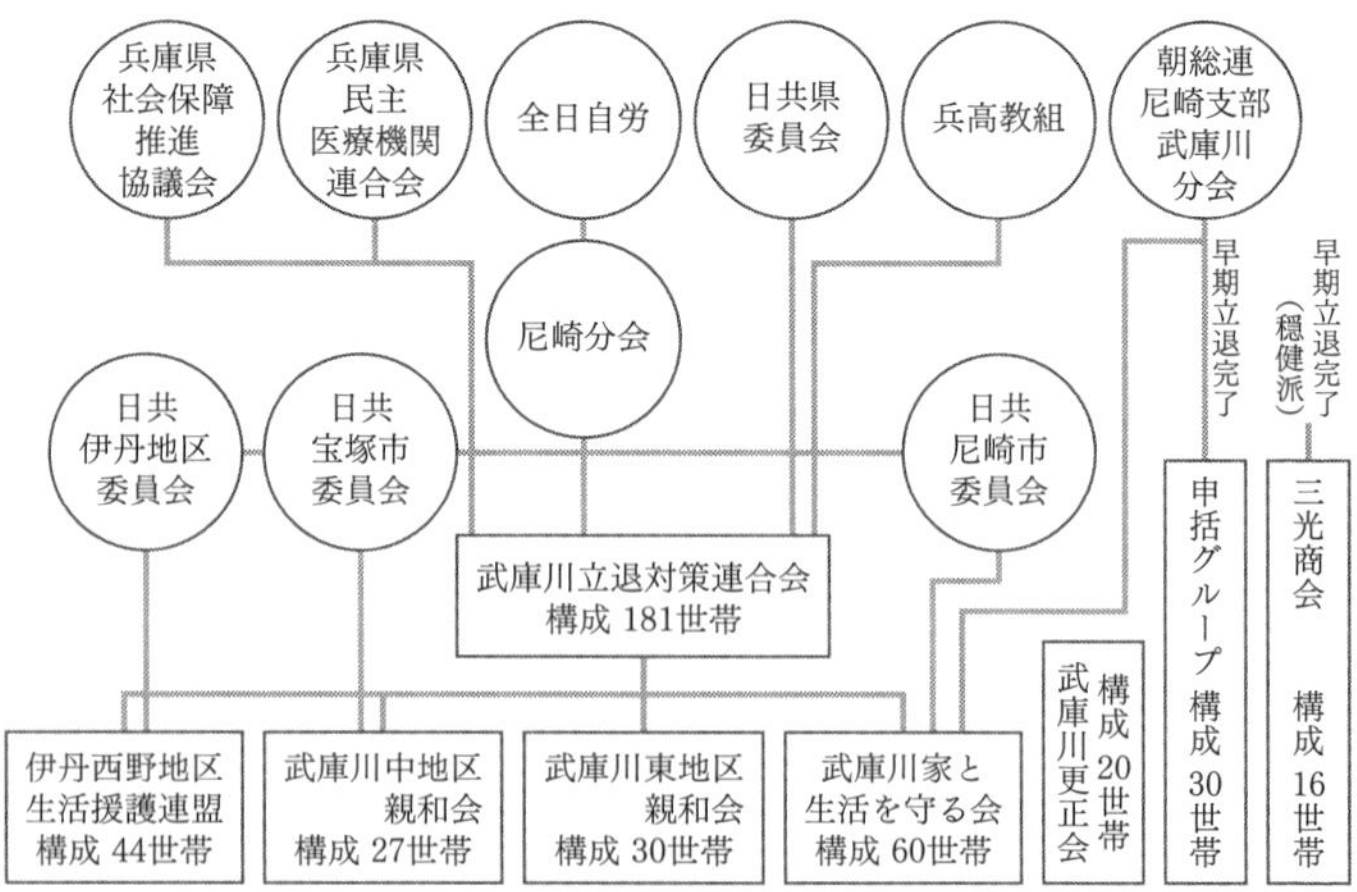

支援団体一覧

一九六一年四月二五日より除去命令を各戸に交付することになる。それには受領印が必要なのであるが、「拒否するものもあり、写真を撮影して後日の証拠とした」という。当局の「自主退去」の方針にもかかわらず五月末までに退去したのは今回、代執行の対象となった六八四世帯のうちの内わずか三四世帯であった。

しかし当局の六月一〇日を期限とする「除去命令」は住民の側にも動揺を与え、六月一〇日までに計六四世帯が退去した。『武庫川不法占拠措置の記録』には、次の段階の「除去戒告」に移る時期のことについて次のように記している。

当局の強い態度に対して、住民側もグループを組織して、命令書の返却や、土地、住宅の供与など、強い陳情が行なわれ、予想されたように反対運動もかなり激しく前途の多難を思わせるものがあったが、六月一〇日付の期限付命令書の内容に、かなりの動揺の色もみられたので、この時期において貸付金等の立ちのき条件を示すことを定め、さきに決定した一世帯当り平均五万円のうち、まず三万五千円を貸し付けることとした。五月一一日西宮土木出張所に、グループの代表を各別に招き、貸付金額を示し県の不動の方針を説明して、自主的に移転するよう説得に努めた。各代表とも、民主的な解決策でないことを強く非難したが、とにかく不満であるが貸付金の出ることは伝える。立ちのきの意志のあるものに対しても、圧力でこれを阻止するようなことはしないという言明を聞くことができた。（略）しかしまだ大勢としては、グループの交渉および外部団体の圧力によって、貸付金の増額等を期待してか、まだ目立った影響を見るに至らなかった。

当局の住民に対する分断策が手にとるようにわかる文章である。

除去命令の期限である六月一〇日が過ぎて、こんどは七月一〇日を期限とする「除去戒告」が出される。この「戒告」のとき同時に、「一世帯（三人家族）三万五千円の貸付金のほかに、新しく六月三〇日までに移転を終ったものには奨励金一万五千円を出すことになったと発表した」（「神戸新聞」六月一一日）。これらのゆさぶりにより「自主退去」者は少しずつ増加し、六月一〇日（六

「住居を与えよ」とナベ、カマなど所帯道具を持ち込んで座り込みをはじめた武庫川川原の立ちのきの住民代表ら（1961年7月9日、神戸新聞より）

三世帯)、六月二〇日(一二八世帯)、六月三〇日(三一八世帯)となった。この戒告書の交付するについても「一部の抵抗はあったが、適切な警備によって、無事、六月十四日予定どうり完了した」という。

また、一方で先の「新聞、ラジオ等の協力を得てPRに努め、世論の支持を得ることに努める」という方針と関係するのだろうが、だれそれが引っ越しの手伝いをしたとか、あるいは、74頁の表に「早期立退完了(穏健派)」とある三光商会の会長でもある保護司の室井一子が自分の工場――土地が公有地であとでそのためのトラブルが起こるが――を移動先として提供しようと申し出たこと等が美談として報道されている。また、六月一九日の「朝日新聞」には、すでに立ちのいた住民から西宮土木出張所に届いた「こんどの立ちのきは私の人生に再起の決意を与えてくれました。(略)この度はみなさんのおかげで、やっと一人歩きできる希望に燃えています」という手紙が報道されたりしている。

またこの時期には、右の「美談」とは違うが、暁光会(よせ屋のグループ)のバラード神父が子どもたちを宝塚動物園に遠足に連れていったこと、アリの街(東京)のゼノー神父が西宮市にカンパを届けたり河原で運動会をしたことも伝えられている。

七月一〇日の「戒告」期限を前にして七月一日、住民代表と副知事との初めての会見が行なわれるが、それも『武庫川不法占拠措置の記録』によれば「これまでの陳情や、抗議についてもすべて土木出張所と河川課これを受け、どんなに迫られても、知事の方針が不動であることを理由に、知事に対する面会の強要をしりぞけてきたのであるが、これ以上知事面接を拒んではむしろ硬化することも考えられたので、七月一日グループ代表者と副知事の面接を行なった」という当局の判断によるものである。

七月七日には住民が兵庫県庁に抗議に訪れ、阪本知事との会見を要求して、知事室前に座り込み、その内二〇人は泊り込んだ。二日後の七月九日（日曜日）には数が更に増え約一五〇人が炊事用具を持ち込んで座り込んだ（76頁写真）。これに対し県知事より退去命令が出され、出動した警察官によって県庁内から排除された。排除された後には県庁前の空地にテントをはって、座り込みが更に続けられた。

三、「代執行命令書」の交付

七月一〇日には「戒告」の期限が切れ、最終的な手段である代執行の準備が整えられることになる。七月一四日付で「代執行命令書」が作成され、一七日には宝塚市、伊丹市の上流部分の一三二世帯に対し、「警察官警備のもとに」交付が行なわれた。一八日は尼崎市で交付の予定であったが、「現地の情報は極めて険悪で、強行する場合流血の惨事も予想されたので、交付は一応延期することにした」。一九日には、命令書をすでに渡された住民が県庁に出向き、返上することも行なわれた。

そして七月二〇日は次のような様子だった。

早朝五時半、七班編成の職員四〇名は、警官警備のもとに六時頃より交付を開始した。尼崎市内、国道武庫大橋下流には外部支援団体十一本の赤旗が立ち並び、川原には天幕をはってこれらのたまりとしていたが、ドラム缶などを叩いて住民を集合させ、強力に交付阻止の行動に出たので、抵抗を避けながら差し置き送達の方法で交付し、その状況を写真に収めて後日の証拠とした。

結局、尼崎市においては八六世帯に交付しなければならないにもかかわらず、六六世帯についてのみ右のような方法で交付が行なわれた。そして「残りの二〇世帯は、交付不可能となりそのまま引揚げるのやむなきに至った。（略）協議の結果執行当日交付することに決定した」というからメチャメチャな話である。

二〇日以降も抗議が続けられるが、二三日には当局から二八日の代執行について「最終通告」がなされる。そして一方で、二四日には検察、警察、県の秘密の打合せが開かれ、二五日および二六日には県と公安部長検事、担当検事、西宮、尼崎、伊丹の各支部長検事、県警警部部長、担当警部が代執行の法的側面とくに「相手方が明白な反対の意思表示を行なった場合でも、代執行ができるかどうか」等について協議された。結論は「（県は）このたびの代執行はどうしてもやらなければならない。この執行が違法かどうかは、後日問題となった場合の判決にまかせるとの

本部長	(執行責任者)金光土木建築部長
副部長	矢野河川課長、岩井土木建築総務課長、辻下企画部参事
指導班	中山補佐(河川課)　本部付
	山根主事(河川課)　秋月補佐(河川課)　松村補佐(総務課)
	藤田主事(西宮土木)　加茂係長(総務課)　平尾係長(総務課)
	大垣主査(姫路土木)　大塚主査(総務課)　井上主事(参事室)
庶務班	工藤課長(西宮土木)外10・土木工手７
	８ミリ撮影係　小谷主事(河川課)外３
	連絡係　山本主事(西宮土木出張所)外６
医務班	大賀事務長(県立西宮病院)外２・医師４・看護婦12・人夫10・救急車２
作業隊長	小松所長(西宮土木出張所)　副隊長井上課長(〃)　通訳(朝鮮語)１
第１班	箕岡課長(西宮土木出張所)外８・人夫30・トラック２
第２班	黒田技師(西宮土木出張所)外８・人夫・トラック２
第３班	長谷川技師(西宮土木出張所)外８・人夫30・トラック２
第４班	永井(啓)技師(西宮土木出張所)外８・人夫30・トラック２
第５班	大橋技師(西宮土木出張所)外８・人夫30・トラック２
第６班	石坂技師(西宮土木出張所)外８・人夫30・トラック２
第７班	佐野技師(西宮土木出張所)外８・人夫30・トラック２
第８班	青木技師(西宮土木出張所)外８・人夫30・トラック２
予備班	橋本技師(西宮土木出張所)外４・人夫20・トラック３
その他	県広報課職員５
総　計	県職員147名・人夫265名・トラック19台・無線車１台・乗用車その他７台・救急車２台・消防車２台

代執行編成表

強い意向を表明した。これに対して検察庁側も大阪高検と早急打合せを行なうということで二日間にわたる討議は打ち切られた」ということである。

「代執行命令書」も満足に渡せないという異常な状態のもとで兵庫県当局としても代執行を予定どおり行なうかどうか迷った。二七日になって県警本部長の意見を聞くと、「延期するかどうかは県の都合であるが、警備態勢の関係は予定どおりの方がいいと思う。今回の措置のような場合多少再考の要素が生じたとしても、今日ならやり得たことも、明日どんな事態が発生して、実施できなくなる場合もある。このような考え方は私の多年の経験に基づくものである」ということであった。そして、同日――つまり代執行の前日――午後四時すぎに、予定どおり二八日の決行が決められた。

四、七月二八日の代執行

このように大規模な代執行は、当時全国的にも初めてのことであったらしいが、それだけ県当局は周到な計画を立てた。七月一〇日段階で「自主退去者」は四〇一世帯となったが、この段階で残りの世帯、すなわち代執行の対象となるのが二八三世帯ある。当局は七月二八日の代執行の時点でも二〇〇世帯ほどが残ると考えていたが、支援団体の状況（74頁の表参照）も考えた上で、「実施にあたっての人員の配置、資材の手配、仮収容所の設置、警察の警備等を考え合せ、会議を重ねて、代執行を二回に分けて実施することにした。第一回は治水上最も危険な地域で建物も密集し、かつ抵抗の本拠と目される国道武庫大橋付近とすることを決定した。時期については七月二八日から八月一一日まで十五日間の巾をもたせ、分割の件については極秘とした。この二つの決定は支援団体の行動を考慮に入れたことと、予想される地域グループの応援隊を各地区に釘づけにして、抵抗を排除して第一回の代執行に成功、残る伊丹、宝塚地区の解決策を見出そうとする意図によるものであった」と、先の『武庫川不法占拠措置の記録』に驚くほど詳しく記している。

七月二八日当日、県当局は、県職員一四七名、人夫二六五名、計四一二名を動員した。警察は、国道と堤防上の交通整理のための四〇名の警官のほかに、関係各署、本部、機動隊、計五五〇名を動員した。この人員によって七月二八日代執行される住民側は六二戸（五三世帯）であった。

「神戸新聞」（七月二八日、夕刊）によると、代執行の様子が次のように書かれている。

○…午前七時ちょうど川原に組まれた物見のヤグラから早鐘が鳴り響いた。堤防のトラックとジープの列が近づいた。色とりどりのヘルメットの群れが堤防の要所ごとに整列する。青色は県職員、黄色は人夫、白は警官だ。前夜から待機していた住民と支援団体員らが川原の降り口に急いでピケを張った。うたごえがわき上がった、「しあわせの歌」「がんばろう」「民族独立行動隊」――声がひきつっている。

○…堤防の上と下とで重苦しいにらみあいがつづく。「強制執行反対だ！」「貧乏人の住む家をよこせ」――怒号が飛ぶ。青いヘルメットが堤防を降りかけた。と、バケツにくんだ汚物がまかれた。「妨害をすると、公務執行妨害で逮捕します」と警察のマイクが叫ぶ。赤ん坊を背負った中年の朝鮮婦人が川原で大声をあげた。「殺すつもりか」「子どもに朝飯をくわす間ぐらい待ってくれ」悲痛な泣き声だ。白いヘルメットは腕を組んだまま、しばらく立っていた。

○…多勢に無勢、警戒の手薄な川原の南北両端からヘルメットがつぎつぎ降り立った。バラック一軒ごとに立ち入り禁止のナワ張りがされた。家の中から若い男が飛び出して棒を振り上げた。もみ合い、手錠がかかった。堤防へひきずり上げられる。あとに残った男の子が「おとうちゃん」と泣く。取りこわしが始まった。第一号になった夫違封さんの奥さんの声が響く、マキ割りを手に持って「こわすなら私を殺してからにして下さい」と玄関前に仁王立ち。県職員が説得するかたわら作業員が取りこわしを始めると、傾きかけた家の中にすわり込み、最後には機動隊一個分隊が手を取り足を取って外に運び出した。同七時十分、七年間住みついたという夫さんの家は音を立ててくずれ落ちた。隣の金津啓三郎さん（四四）は「どうせこわされるなら」と同七時半ごろから自分でクギ抜き、金ヅチでこわし始めていた。

○…ピケ隊は阪神国道武庫大橋南側のバラック部落の中心に集中した。ヘルメットの包囲がジリジリちぢまる。人夫が物見ヤグラの足を切りだした。一人の男が上にかけ上がった。「倒せるものなら倒してみろ。オレもいっしょに死ぬぞ」とさけんだ。人夫たちは途中でノコギリをひくのをやめた。

○…午前八時四十五分ついに中央のピケが破られた。押し合い、ピケ隊の青竹、飛び散る汚物に、かまえる警官隊のタテ。こどもの泣き声。住民グループの幹部が「自分の家にすわり込んで動くな」と叫ぶ混乱の中でカマを持ち出してミソ汁をつくる人があった。「めしを食う間ぐらい待て」「取りこわしはしばらく待ちます。ナワ張りだけさせて下さい」応対する青いヘルメットは汗びっしょりだ。タタミの上にすわり込んだまま動かない、目の不自由な病気の老婆は医者が立ち会いでつれだした。付近一帯に鼻をつく悪臭がたちこめる。住民たちは必死に抵抗した。しかしつぎつぎと家は壊されていった。
○…数の優劣でなしくずしにくずされた反対団体はヤグラ下の姜さんの家に立てこもった。ここは最後の頼みとする組織的抵抗の拠点。一時間余りにらみあいのすえジュースとパンで力をつけた青いヘルメットたちは午前十一時四十五分、四方からいっせいに取りこわしにかかった。屋内にいた女、こどもがなき叫ぶ中を一人ずつゴボウ抜き。約十人のろう城部隊をひきずり出し、わずか十五分のうちにこの拠点もハンマーの下敷きになり、武庫川川原決戦のヤマ場はあっけなく終わった。

この日の代執行にあたって四名が逮捕されているが、同「神戸新聞」の記事では、「現場では四人が公務執行妨害、傷害などでつかまった。午前七時二五分ごろ、無職石原昇こと石昇（二五）が長さ一・七メートルの棒を振り回し、阻止しようとした尼崎西署警備課黒田達朗巡査（二五）に暴行したとして捕まった。同七時四五分ごろ、土工安川こと梁徳俊（三六）が取りこわしにかかろうとした宝塚市鹿塩二ノ五、竹中組作業員松浦月慶さん（三四）にまき割りを振るっておどりかかり左手、左足などに三日間の傷を負わせ、止めにはいった尼崎北署巡査にもなぐりかかり傷害、公務執行妨害でつかまった。また、同八時三五分ごろ、無職金林朝子（二二）は立ち入り禁止のナワ張りをしようとした西宮市塩瀬、木島組作業員長岡繁さん（三六）と尼崎西署田上俊一、山口俊弘両巡査にふん尿をバケツでぶっかけ公務執行妨害でつかまった。さらに午後零時ごろ自宅からツルハシを持ち出しふりまわして県職員をおどかした土工森本八郎こと姜二植（三四）が公務執行妨害でつかまった」と逮捕の様子を伝えている。石昇は、「武庫川家と生活を守る会」の副会長として名があがっている人物である。五三戸の中で朝鮮人世帯が何世帯であるのかわからないが、フン尿を投げて捕まった金林朝子も朝鮮人だとするとこの日の代執行で逮捕された四名はすべて朝鮮人ということになる。

機動隊に守られて進む強制執行（1961年7月28日、神戸新聞より）

『武庫川不法占拠措置の記録』ではこの日の代執行について、勝利した「戦記」を書くように書かれており、それはたとえば、「それぞれに説得を繰り返すのみで、険悪な状態となり、警察隊の警告がなされたがこれも無視されるにおよび、警備隊の積極的援護のもとに、ピケ隊を突破して各作業班は一せいに部落内に進入し、まず執行令書未交付世帯に対し令書を交付するとともに、すばやく縄張りをして取り壊しはじめた」という具合である。『記録』では、「警察当局の協力」に感謝の意を表しているが、後日談として「延期しなくてよかったと思い知らされる日が、二、三日後早くもやってきた。それは尼崎の西隣の大阪西成の釜ケ崎で暴動事件が起こったことである。（略）もしもこの代執行が延期のため、この事件後に行なっていたならば、いかなる事態となったかは誰が予測しえたであろう」という記述もある。

つぶされた家の前で泣く老婆（1961年7月28日、神戸新聞より）

このようにして七月二八日の代執行が終ったが、作意的に「分割」したため、まだ伊丹と宝塚に一四七世帯が残っていた。兵庫県当局は「この地区の対策の適否が、この仕事の成否を左右するものと見て、第一次代執行と立ちのきあっせん等の、タイミングなどにつき、とくに苦心した」とある。これらの住民に対しては懐柔策もとりつつ、「必ず立ちのくこと」を条件に代執行の期限を九月一〇日まで延期することを認めた。このような方法は「絶えず緊張感を与え努力させ、誠意があるとみれば実情に即して、猶予するという考え方によるもので、武庫川対策を通じて体得した方策であった」という。移転用地として伊丹市は西野芝小松原の三千坪（松林、雑木林）、宝塚市は安倉字西田川の一部埋立も含む九〇〇坪を用意した。

「立ちのき先」問題は本当に大変な問題であるが、県も「武庫川の不法集落は、この地域社会のがんとして附近住民が相いれず（略）、移転先のあっせん等にも、絶えずこの問題がつきまとい、この対策執行を困難ならしめたのである」という形で地域社会の排外性を指摘している。

代執行によって立ちのかされた尼崎市の住民の移転先も、地域住民の反対にあうこともあり難航するが、ようやく一〇月中旬に中食満市有地の元伝染病舎空地に仮設住宅に移り、「最終的」に一九六三年三月に仮設住宅が撤去され「武庫川不法占拠措置」が完了したといわれている。

在日朝鮮人の歴史については地方史に即しても明らかにしていかなければならないと言われている。兵庫県下の歴史について「兵庫朝鮮関係研究会」が研究を進めており、また宝塚でも日本人と朝鮮人のグループが在日朝鮮人の歴史を記録する作業を続けている。つい四〇年前の武庫川の河川敷立ちのきのこともよくわからないという人が多いが、私も兵庫の在日朝鮮人の歴史の空白を埋める作業をしていきたいと思う。


（『抗路』２号〈二〇一五年九月〉に兵庫在日外国人人権協会代表の孫敏男が、自身がそこで生活していたことを回想して文章を書いている）

『むくげ通信』一〇二号、一九八七年五月。後にむくげの会編『新コリア百科』（二〇〇一年二月、明石書店）に再録。

『特殊労務者の労務管理』解説

本書は一九四三年二月、山海堂出版部により出されたものの復刻版である。初版は五千部発行されたが、増刷されたか否かについては未確認である。国立国会図書館等に所蔵されているが、今回の復刻に際しては青丘文庫（神戸市須磨区）所蔵のものを利用した。巻末には参考資料として『昭和拾八年十一月拾五日 概況 石門伴虜収容所』を収録している。

本書は、前篇が朝鮮人労働者、後篇が中国人労働者を扱っている。題名がそれぞれ「鮮人」「苦力《クーリー》」となっているが、いずれもその呼称は朝鮮人、中国人にたいする蔑称である。

前篇では朝鮮人労働者について、「鮮人移入と官庁の方針」「鮮人労務者の募集並に輸送」「鮮人の訓練とその効果」「作業面に於ける鮮人」「鮮人寄宿舎」「生活面に於ける鮮人」等について書かれており、後篇では中国人労働者について、「難民的苦力」「既経験苦力」「農民層の募集苦力」「募集の可能性」「伴虜・帰順兵苦力」「苦力群を編成する把頭制度」「苦力の特性」「苦力の就業実情」「苦力移入上の当面問題」「苦力移出と北支当務者の心境」について書かれている。

朝鮮人・中国人の強制連行・強制労働に関して、それを行なった企業の側からのこれほど詳しい「マニュアル」は外にないのではないかと思う。

著者は、当時、北海道炭礦労務部長であった前田一で、戦後、日経連（日本経営者団体連盟）

の「闘将」として総評議長太田薫らと攻防をくりひろげたことでも有名である。日経連で活躍していた頃には、視力を失っており、「盲目の闘士」とか「財界の座頭市」とか呼ばれていたこともあった。前田一の経歴は、つぎのとおりである。

一八九五年（明治二八年）三月、佐賀県に生まれる。

一九二一年（大正一〇年）東京大学法律科卒業、北海道炭礦汽船株式会社に入り夕張炭砿労務係勤務。

一九二三年（大正一二年）石炭鉱業連合会と鉱山懇話会との共同調査会幹事となる。

一九二八年（昭和三年）著書『サラリーマン物語』がベストセラーとなる。

一九二九年（昭和四年）欧米に留学、第一二回国際労働会議（ジュネーブ）に出席する。

一九三四年（昭和九年）北炭資料課長兼会長秘書。次いで庶務課長、北海道支店次長、労務部長を経て、一九四五年取締役となる。

一九四八年（昭和二三年）日本経営者団体連盟創設と同時に専務理事に就任し、北炭取締役を退く。

一九六九年（昭和四四年）四月、専務理事を退任し常任顧問となる。

一九七八年（昭和五三年）五月、死亡。

前田一自身も北炭時代に直接朝鮮にでかけて「労働者集め」をした経験があるが、『エコノミスト』の「現代史を創る人びと⑪　戦前の労務管理　前田一」（一九七〇年六月三〇日号）で、インタビューに答えてつぎのように話している。

だいぶ行きましたよ。当時は北鮮《ママ》と南鮮《ママ》に一カ所ずつ、北鮮は元山、南鮮は釜山に朝鮮募集センターがありました。そこにそれぞれ専属に私の会社の請負人がおるんですよ。それがあっちこっちから労務者を集めて一五〇から二〇〇人ぐらいになると、会社に連絡をとってくる。そうするとそれをひとまとめにして北海道につれていく。その受渡しを釜山、あるいは元山でやるということになると、監督者がそこからみんな引率してくるわけですね。そのときにわれわれは現地に乗り込んで行って受けとるわけです。ところがこれがまた容易なことじゃないんですね。途中で逃げるというか、どっかへ行ってしまうもんだから、朝鮮語はぜんぜんわからんし、引率するには、もうほんとうに苦労したものです。なるべく逃げる機会のないように、船で運んできたですね。船で運んで小樽にあげると、逃げる機会も非常に少なくなる。ただ釜山あたりから下関に渡って、山陽線から東北線にかけてずっと汽車で連絡する、こいつは逃げられる機会が多くて、輸送責任者であるわれわれは、夜の目も眠らんぐらい監督していなければならない。

のちに労務部長となってから前田一はこの『特殊労務者の労務管理』を書くことになるが、この本について「これは文部省推薦の図書として指定されたが、中身は朝鮮人、中国人労働者が炭鉱に使用されて、どんな労務管理を受けているか、実例によって、克明に書かれたものであるから、見方によっては、これなども、戦犯ものであったかもしれない。しかし、これもとがめられずに済んだ」（『別冊中央公論』一九六九年夏季号、「闘将一代」（上）、三〇一頁）とも書いている。

「序」において前田一は当時の状況を、「工場鉱山における労力構成の根幹たるべき本来の内地人労務者は既に給源の不如意を招来し、これを充足すべき労働力としては国民徴用令による徴用工を以てするほか、法令勤報隊、短期挺身隊、農閑期出稼労務者、転廃業者等の内地労力を以て彌縫するに止まらず、更に鮮人、華人、白人の外地労力を吸収し、今や労務管理の対象たるべき労務者の種類は複雑多岐の様相を呈して居る」（序、一頁）とみている。そして、経験的に炭鉱労働において朝鮮人労働者の割合は、三割までが望ましいのに八割に達するものまであることを認めているのである。

太平洋戦争下の炭鉱における朝鮮人・中国人労働者の実態を示す資料の一つとして、『石炭国家統制史』（一九五八年七月、財団法人日本経済研究所）所収の「戦時中における炭鉱労務者数の地区別構成別累年表」を93頁に掲げておく。それによれば一九四五年六月末現在で、炭鉱労働者総数が、三九万六七一二人、内朝鮮人が一二万四〇二五人（三一・三％）、中国人が九〇七七人（二・三％）となっている。北海道ではその比率はもっと高くなり、総数九万二四六人に対して、朝鮮人三万七一七一人（四一・二％）、中国人三〇七九人（三・四％）となっている。

以下、本書において注目すべきいくつかの点について述べてみることにする。

強制連行が、募集、官斡旋、徴用という段階をへて行なわれていたことは知られている。これらは、当時、侵略戦争を推し進めながら極度の労働力不足を、権力内の利害を調整するために段階的に行なわれたが、このことについて、かなり正直に書いた次のような記述がある。

> 北鮮地帯に於ける工鉱業の異常なる発展に伴い、農村余剰労力の吸収愈々旺盛となり、且つ農村に於ても一定限度の農民を定着せしむる必要上、朝鮮当局の労働者供出に対する構想も幾分の変化を免れなかったが、内地炭礦鉱山の切実なる要望は依然として解消せず、為めに内鮮当局の打衝も愈々慎重を極むるに至った。
> 超えて昭和十六年二《（ママ）》月大東亜戦争の勃発に伴ひ、国家生産力の飛躍的増強は今こそ如何なる犠牲を払ふと雖も完遂を期せざる可からざる段階に入り、鮮人労務者移入の意義と、彼等の増産戦に於ける役割は一層重大性を加ふるに及び、鮮内労務給源に関係を顧慮し、こゝに従来の朝鮮総督府職業紹介令による募集方法を改め、朝鮮当局に於ては労務協会を主体として鮮人労務者の内地供出に対し積極的斡旋の労をとるに至った。（一六〜一七頁）

また、朝鮮人・中国人に対する偏見が随所に見れるという点でも本書は問題のある書であるが、中国人労働者が「冬は……風邪もひかないし、夏は道ばたにゴロゴロと寝そべって、腹が冷える

（出典）『石炭国家統制史』（1958年7月、(財)日本経済研究所刊）436頁。

第145表　戦時中における炭鉱労務者数の地区別構成別累年表

地区別	年度別／労務者別	(17年3月末) 16年度		(18年3月末) 17年度		(19年3月末) 18年度		(19年9月末) 19年度		(20年6月末) 20年度		(21年6月末) 21年度	
		労務者数	割合	労務者数	割合	労務者数	割合	労務者数	割合	労務者数	割合	労務者数	割合
		人	%	人	%	人	%	人	%	人	%	人	%
北海道	一般	49,183	—	51,147	—	45,626	—	41,833	—	44,841	—	64,074	—
	短期	500	—	936	—	4,360	—	6,600	—	4,214	—	27	—
	朝鮮人	17,057	—	28,886	—	35,884	—	35,209	—	37,171	—	—	—
	俘虜	—	—	—	—	—	—	—	—	941	—	—	—
	中国人	—	—	—	—	—	—	407	—	3,079	—	—	—
	合計	66,740	(23.2)	80,969	(21.6)	85,870	(21.9)	84,049	(20.9)	90,246	(22.8)	64,101	(20.2)
本州東部	一般	17,791	—	25,483	—	27,064	—	27,602	—	28,419	—	33,970	—
	短期	87	—	1,192	—	1,821	—	2,487	—	826	—	165	—
	朝鮮人	3,504	—	5,422	—	6,889	—	7,123	—	5,350	—	—	—
	俘虜	—	—	—	—	139	—	581	—	794	—	—	—
	中国人	—	—	—	—	—	—	—	—	—	—	—	—
	合計	21,382	(7.5)	32,097	(8.6)	35,913	(9.2)	37,793	(9.4)	35,389	(8.9)	34,135	(10.8)
本州西部 山口	一般	18,293	—	15,757	—	15,661	—	14,352	—	16,100	—	21,842	—
	短期	711	—	829	—	1,279	—	1,716	—	1,100	—	45	—
	朝鮮人	1,954	—	10,853	—	11,169	—	10,953	—	12,141	—	—	—
	俘虜	—	—	—	—	767	—	1,467	—	1,585	—	—	—
	中国人	—	—	—	—	—	—	278	—	198	—	—	—
	合計	20,958	(7.3)	27,439	(7.3)	28,876	(7.3)	28,766	(7.2)	31,124	(7.8)	21,887	(6.9)
本州西部 其の他	一般	—	—	1,130	—	1,279	—	1,072	—	1,220	—	1,899	—
	短期	—	—	—	—	—	—	15	—	25	—	—	—
	朝鮮人	—	—	141	—	121	—	127	—	156	—	—	—
	俘虜	—	—	—	—	—	—	—	—	—	—	—	—
	中国人	—	—	—	—	—	—	—	—	—	—	—	—
	合計	(1,048)	—	1,271	(0.3)	1,400	(0.4)	1,214	(0.3)	1,401	(0.4)	1,899	(0.6)
九州	一般	149,274	—	166,121	—	152,230	—	145,889	—	141,975	—	194,044	—
	短期	6,900	—	10,107	—	15,111	—	21,986	—	15,171	—	646	—
	朝鮮人	21,552	—	56,759	—	70,068	—	74,736	—	69,207	—	—	—
	俘虜	—	—	—	—	2,373	—	4,083	—	6,399	—	—	—
	中国人	—	—	—	—	541	—	3,018	—	5,800	—	—	—
	合計	177,726	(62.0)	232,987	(62.2)	240,323	(61.2)	249,712	(62.2)	238,552	(60.1)	194,690	(61.5)
合計	一般	234,541	(81.8)	259,638	(69.3)	241,860	(61.6)	230,748	(57.5)	232,555	(58.6)	315,829	(99.7)
	短期	8,198	(2.8)	13,064	(3.5)	22,571	(5.8)	32,804	(8.2)	21,336	(5.4)	883	(0.3)
	朝鮮人	44,067	(15.4)	102,061	(27.2)	124,131	(31.6)	128,148	(31.9)	124,025	(31.3)	—	—
	俘虜	—	—	—	—	3,279	(1.0)	6,131	(1.5)	9,719	(2.4)	—	—
	中国人	—	—	—	—	541	—	3,703	(0.9)	9,077	(2.3)	—	—
	合計	286,806	(100.0)	374,763	(100.0)	392,382	(100.0)	401,534	(100.0)	396,712	(100.0)	316,712	(100.0)

（注）⑴運輸調査局「石炭鉱業の展望」による。石炭庁並石炭鉱業会の資料により調製されたものである。⑵昭和16、17、18年度は各年度末現在数、19年度は上期末、20、21年度は6月末現罪数による。⑶一般とは邦人長期労務者、短期とは徴用、学徒動員及び応援隊、報国隊等臨時労務者を指す。⑷東部、西部の区別は旧中部、近畿行政協議会の区分による。⑸朝鮮人中には既住朝鮮人を含む。⑹昭和16年度における西部の其の他は不詳につき6月末現在数が表示されているが、計には加算してない。

とか、骨の節々が痛むとかそんな事はない。蚊が食はうが蚤が喰はうが平気の平左である。飲み薬などは生まれてこの方滅多に用いたことはない。ある医者の話によると、胃痙攣など起こした時でも、歯みがき粉でも飲まして置けば、けろりと治るといふ」（二四〇〜二四一頁）というような記述もある。

「不良者特別訓練」（一一九〜一二四頁）という名の制裁が加えられていたことがわかるが、そこでは、「鮮人労務者の中、規則違反常習者、逃走癖のある者か凶暴性のある者、其の他の怠惰、盗癖、賭博常習、扇動癖等の一部不良鮮人が、善良なる大多数の鮮人に悪影響を及ぼし、延いては事業場全般の大問題を惹起する事例は尠くない。これら不良者を隔離し、その習癖を矯正し、以て善良なる労務者に還元せしむることは、労務管理上極めて重要事に属する」（一一九頁）と書かれている。またそのような訓練の効果として、「契約期間二ヵ月の辛棒が出来ず逃走する者すら可成りに多い鮮人に対し、更に契約期間の更改延長を勧奨することの如何に難事であるかは謂ふまでもない事である」（一三八頁）という再契約が「驚くべき増加を示して居る」（一二五頁）とも書かれている。

本書では、「苦力」は「難民的苦力」「既経験苦力（熟練工）」「農民層の募集苦力」「伴虜・帰順兵苦力」の四種類あるとしているが、前三者の確保はいずれも困難がともない、「伴虜・帰順兵苦力」を確保するしかないということを次のようにその理由とともに述べている。

第一に挙げられたる難民的苦力はその実質が到底受け入れられるものでないとして、第二の既経験苦力も亦北支の産業事情より見て移出を不能とする色々の理由が伏在して居り、第三の農民層よりの募集苦力も現下の治安状態並に農村過剰労力の実情、募集公私機関の陣容等の諸点より見て急速の需要に応じ得べくもないとすたば《（ママ）》、勢い残る問題としては、討伐作戦によって得たる俘虜帰順兵にして訓練を経たる者を、一応良民として解放し、之を内地に移入するといふ以外に、苦力移入の途はないやうに思はれる。（二二七頁）

なお『特殊労務者の労務管理』では中国の石門市（旧石家荘）にあった石門伴虜収容所のことがふれられているが（二二七～二三三頁）、本書に『昭和拾八年十一月拾五日　概況　石門臨時伴虜収容所』（原本、不二出版所蔵）も関係資料として収録した。俸虜収容所の状況、訓練内容等を知る上で貴重な資料である。

『特殊労務者の労務管理』執筆当時、前田一が勤務していた北海道炭礦汽船株式会社を、前田自身が「北海道の満鉄」（前掲「闘将一代」二八八頁）であったといっている。北海道炭礦汽船株式会社は最初は北海道炭礦鉄道会社とよばれ、北海道に鉄道を敷設して開拓に進出した会社であった。それが一九〇六年に鉄道国有法によって鉄道部門が政府に買い上げられることになり、そのお金で汽船を造り北海道炭礦汽船株式会社となったのである。

私が北海道開拓記念館に調査に行った際、そこに所蔵されている北炭札幌事務所関係の史料（№.

77470）のなかに、一九四一年二月二七日、石炭統制会および日本金属鉱業連合会が前田一に対して「半島人労務者移入ニ関スル件」で「移入要綱ハ全面的改正ヲ見ルコト、相成」として日比谷三信ビルでの会議を招集する文書もあった。前田一が太平洋戦争下での朝鮮人・中国人の被強制連行者の労務者管理全般について指導的な地位にいたことがわかる。

本書に書かれていることが実際の炭鉱の労働現場でどの程度実際に行なわれていたことかについては、更に個々の事例について具体的な研究を進める必要があるが、強制連行の全体像を解明するための一つの材料となるものと思う。朝鮮人の強制連行の歴史についての用語、概念、統計資料、第一次史料の所在等については「共同研究 朝鮮人戦時動員に関する基礎研究」（飛田雄一・金英達・高柳俊男・外村大）が『青丘学術論集』四号に掲載される。ここでは「戦時動員」という用語を用いることを提唱している）を、また、文献については『一九九二朝鮮人・中国人強制連行・強制労働資料集』（飛田雄一、金英達編、神戸学生青年センター出版部、一九九二年七月）を参照していただければ幸いである（※本資料集は九四年版まで刊行されている）。

（十五年戦争重要文献シリーズ第十二集『特殊労務者の労務管理』不二出版、一九九三年五月）

アジア・太平洋戦争下、神戸港における朝鮮人・中国人・連合国軍捕虜の強制連行・強制労働

アジア・太平洋戦争下、神戸港における朝鮮人・中国人・連合国軍捕虜の強制連行・強制労働についての研究は、一九八九年一〇月の「神戸港における戦時下朝鮮人・中国人強制連行を調査する会」(以下、「調査する会」とする)(注1)の結成以降、同会メンバーによる調査活動により進展をみせている。(注2)

本稿でいう「神戸港」には、直接的な港湾労働である船舶荷役の他に造船所および関連企業を含めることとした。

この地域における強制連行・強制労働問題の第一の特徴は、朝鮮人・中国人・連合国軍捕虜が同じ地域、一部では同じ企業で強制労働を強いられたという点である。日本全国に他に事例がないわけではないが、調査する会はこの点に重きをおいて調査活動を行なった。

第二の特徴は、他の地域に比して比較的多くの資料が残されていることである。朝鮮人に関しては、一九九一年に旧労働省の倉庫で発見され韓国政府に引きわたされた一九四六年作成の「厚生省名簿」がある。強制連行された朝鮮人の名簿の一部であるが、全体の数六万六九四一名のなかで兵庫県分が一万三四七七名と比較的多い。(注3)この中に神戸港関連のものも含まれている。

中国人についてはよく知られているように外務省が一三五の事業場について報告書を残しているが、その中に日本港運業界神戸華工管理事務所・神戸船舶荷役株式会社『昭和二十一年三月 華人労務者就労顛末報告書』（以下『神戸港報告書』）（注4）も含まれている。連合国軍捕虜のついては、とくに多くの資料が残されているわけではないが、いくつかの文献の他に、当時シンガポールから神戸に移送されたジョン・レインは回想記（注5）に自身の体験を生々しく書いている。

第三の特徴は、朝鮮人、中国人、連合国軍捕虜それぞれについて生存者の証言が得られているということである。歴史研究に体験者の証言は欠かせないものであるが、朝鮮人・中国人・連合国軍捕虜の三者についての証言を得ることができている。

調査結果については、調査する会編『神戸港強制連行の記録―朝鮮人・中国人そして連合軍捕虜』（明石書店、二〇〇四年、以下、調査する会『記録』とする）が出版されている。他に中学校の副読本として作成された調査する会編・発行『アジア・太平洋戦争と神戸港―朝鮮人・中国人・連合国軍捕虜』（発売・みずのわ出版、二〇〇四年、以下、「調査する会ブックレット」とする）がある。（注6）

本稿では、神戸港における強制連行・強制労働問題について、さらに新たな資料も紹介しつつその実態を明らかにしたいと思う。

一、『神戸市史』等における記述の検討

●『神戸市史』

本テーマについて『神戸市史』で充分に書かれているとは言えない。『神戸市史』第三集産業労働編、第三章「海運」、第二節「港湾運送と倉庫」に二項『草の墓標』を設けて「中国人の強制労働」「俘虜の使用」「朝鮮人の強制労働」について触れている。中国人については、『草の墓標』(一九六四年)の次の部分を引用している。(注7)

「神戸船舶荷役KKが労役した中国人の〝平均一日の就労時間は一〇時間で……最大二四時間労働であった。/しかし、神戸では〝海岸宿舎〟と名付けた海岸倉庫に、ムシロをしいてその中におしこめ、そして〝暖房設備はなかった〟と事業場報告書は言っている」

(食事および休憩時間を含む)となることがあった〟(「事業場報告書」)/文字どおり二四時間労

そして神戸港の受け入れ数として、連行者九九六、転出者三三〇、死亡者一七を紹介している。

連合国軍捕虜については「俘虜」に関連する記述として『三井倉庫五十年史』(一九六一年)の「このころになると労働者の不足がようやく目立ち、これを補うために、俘虜の使用がはじめられた。これは同年(一九四二年)一一月二一日公布、施行された陸軍省令俘虜派遣規則によるものであって、当社では神戸支店、および大阪支店埠頭・桜島両倉庫に多く配置され、その他支店でも臨時の使用がおこなわれた」を引用し、「これは文字どおり俘虜であったかと思われるが、当時強制連行者は一般に俘虜としてみられていたから、混同されてもいたようである」としてい

る。

朝鮮人については次のように記している。

「朝鮮人の強制連行者については、はしけに使ったというような話も聞いたが、朴慶植『朝鮮人強制連行の記録』（一九六四年刊）には神戸のことは記されていない。ところが『大阪港史』第三巻には次の記述がみられる。「さらに朝鮮総督府と交渉して、半島労務者の配慮を完了、うち二〇〇人は倉庫荷役の完璧を期するため、とくに東京・大阪・神戸・門司各港に増配した。／大阪港四〇〇人（倉庫五〇）／門司港二五〇人（倉庫五〇人）／神戸港二〇〇人（倉庫五〇人）」／そして、朝鮮における強制連行の状況を詳しく記している。／右に述べたような一連の事実は、港運会社上層部以外は港湾関係者であっても一般神戸人には知られていない」

この「神戸のことは記されていない」というのは「神戸港」のことだが、いずれもこの市史が書かれた時点で刊行されていた本を引用するかたちで紹介するにとどまっている。

『新修神戸市史　歴史編Ⅳ　近代・現代』（一九九四年一月）第四章「一五年戦争下の神戸」第五節「戦争への国民動員と敗戦」に「神戸市域における朝鮮人」があるが、そこでは朝鮮人強制連行真相調査団編著の『朝鮮人強制連行の記録』兵庫編（一九九三年）を引用して、一九九〇年八月に労働者倉庫に存在していたとして発表されたいわゆる「厚生省名簿」の内容を紹介しているにすぎない。そして末尾に「また、すでにみたように敗戦時の兵庫県在住の中国人は二一四四人、台湾人は二四〇〇人とされており、その多くは神戸市域に集住していたものと思われるが、

これらの人々の実態については明らかとなっていない」とされている。（注8）

『新修神戸市史　産業経済編Ⅲ　第三次産業』第二章「第一次世界大戦から第二次世界大戦まで」第四節「港湾運送・倉庫業」1「港湾運送業の発展」の中に「戦時体制下の港湾運送業」で、朝鮮人・中国人について簡単にふれているが、朝鮮人については一九九〇年八月に公表された「いわゆる朝鮮人徴用者等に関する名簿の調査について」にふれて神戸船舶荷役株式会社の朝鮮人労働者数一四八人、終戦時一一〇人という数字を紹介している。

以上、いつかの神戸市史の記述は、記述の時点で刊行された本等の内容を反映させようとする努力はうかがえる。

●『神戸港開港百年史』

神戸市『神戸開港百年史　港勢編』では、当時の港湾労働者不足の問題にふれながら、先の『神戸市史』第三集の内容を紹介している。（注9）

●『兵庫県警察史』

『兵庫県警察史』では、第二章「総力戦体制と警察」第一節「国家総動員の実施」で、県下の捕虜収容所の収容人数について姫路在住藤森明生氏談として神戸（東遊園地内）約四〇〇名、川崎（丸山公園内）約三〇〇名としており従事業務はそれぞれ「兼松倉庫荷役」「川崎造船労務」

としている。また、『播磨造船所五〇年史』より「華工」の記述を引用し、清沢洌『暗黒日記』より阪神間の重工業会社で働く連合国軍捕虜に関する部分（一九四三年一〇月六日）を引用している。（注10）

『社史』

次に関連する社史について検討してみる。

川崎重工業株式会社は、社史に「同年（一九四三年）末には内地における徴用労務源が不足を告げるに至ったので、その範囲を朝鮮に拡げ、翌一九年（一九四四年）には、艦船工場では約千六百人の半島出身の〝産業戦士〟を迎えた」（注11）と記されている。ただし後述するいわゆる厚生省名簿に、川崎製鉄兵庫工場二二一名、同葺合工場一四〇一名の名簿があるが、艦船工場のものはない。

同株式会社社史の「年表・諸表」（注12）に上記の内容と関連する記述がある。

一九四四年一一月一日の「当社主要事項」にある「艦船工場に朝鮮人徴用工入所」という記述である。

三菱神戸造船所社史には、「軍需生産の労働力の増強を図るため、十六年（一九四一年）十一月二十九日当所従業員約一六〇〇〇名を初めとし数次にわたり現員徴用が行なわれた。ついで重要産業従事者以外の徴用・朝鮮青少年の徴用・学徒動員・女子挺身隊・特有技能者の結成する奉公隊等によって、終戦時の従業員数は実に三一〇〇〇余名の多きに達した」（注13）と記されている。

三菱重工業神戸造船所については、厚生省名簿に一九八四名の名前がある。

強制連行問題に関しては企業側の当事者の記録が比較的少ないが、この三菱重工業神戸造船所で労務係として働いていた宮崎勝浩の「旧労務の思い出」の中で次のように触れられている。（注14）

「第一回徴用工が入所した際、担当の喜田貞三君が初めての仕事に身心とも過労になった為労務課長の辞令を枕元に死去しましたが、その後二回、三回と徴用工の入所があり、朝鮮人が入所した節は、朝鮮人に欠く事のできない赤唐辛子の入手に百方手を尽くし、舞子の寮の食堂で朝鮮人が食事する顔を見た時は、思わずホッとしました。そして兵庫署の特高主任に喜ばれ、それ以後特高署員とも心易くなって、色々情報を入手したものでした」

二、朝鮮人の場合

朝鮮人強制連行は、一九三八年の国家総動員法に基づいて翌三九年「募集」という形態で始まった。しかしこの方式で労働者を集めることが困難になると四二年「朝鮮人労務者活用ニ関スル決定」を閣議決定して面など各行政単位毎に労働者数の割当を求める「官斡旋」方式に転換する。戦争末期になるとはそれでも必要数を集めることができなくなり、四四年九月、「徴用」方式を朝鮮半島においても実施するようになった。（注15）

前述のように兵庫県では、早くも一九三九年に朝鮮人が連行されて来ている。神戸に強制連行された朝鮮人の正確な人数を把握することは困難であるが、前述の「厚生省名簿」によって比較的多数の名前を確認することができる。日本政府は、名簿の所在、種類、人数等について発表しが、国内では公表されなかった。その名簿は韓国政府に引き渡された後、在日大韓民国民団を経由して、一九九三年七月、日本でも労働者の名前も含めて公表された。これは厚生省勤労局の指示によって一九四六年に都道府県が行なった朝鮮人労働者に関する調査のうち一六県、六万六九四一人分である。内訳は、官斡旋・徴用四万九一八二人、自由募集七二一七人、不明一万五四二人となっている。(注16)記録の残っていない都道府県の方が多いが、兵庫県関係のものは、一万三四七七人の名前があがっていて最も多い。名簿によると兵庫県下で最も人数の多いのは播磨造船所の二二〇二人、ついで三菱重工業神戸造船所一九八四人、川崎重工業葺合工場一三九八人、三菱生野鉱業所一三四〇人となっている。他に神戸関係では、神戸製鋼所本社工場四一三人、川崎重工業兵庫工場二二一人、神戸貨物自動車一六二人、神戸船舶荷役一四八人、日本制動機一一八人などとなっている。(注17)

●神戸船舶荷役株式会社

神戸船舶荷役株式会社に連行された一四八人の朝鮮人については、この名簿から次のことが明らかになっている。全員が官斡旋であり、入所年月日は、一九四四年九月一〇日、六五人、九月一四日、二四人。一二月二三日、五九人で職種はすべて沖仲士、退所事由については、死亡一人、病気送還一〇人、逃走二七人、帰国一一〇人（四五年一〇月八日）となっている。年齢は、一〇代三八人、二〇代六六人、三〇代三二人、四〇代一〇人、五〇代二人で入所時において最年少は一四歳、最高齢は五四歳であった。

この名簿に基づいて二〇〇〇年二月、本籍地をもとに韓国の自治体に問い合わせを行なった。送り先は、忠清南北道、全羅北道、慶尚南道の二市二邑二三面の計二七ヵ所である。最終的に四四％の回答率であったが、生存者が確認できたのは全羅北道金堤市龍池面の李南淳ただ一人であった。二〇〇〇年八月、調査する会が現地調査を行ない、李南淳（一九二七年生まれ、連行当時一七歳）にインタビューした。以下はその時の回答の概要である。

一九四四年九月に面事務所の役人（参事）が令状をもってきたので仕方なくついて行った。準備をする時間もなく逃げることもできなかった。汽車で釜山に行き、そこから連絡船に乗った。船が大変で「腸の中のものが全部あがってきてもどした」。その後汽車で神戸に行った。仕事は年が幼かったので事務所の掃除などだった。一ヶ月後に病気になった。太股が腫れて膿が出た。病院には行ったが後遺症が残っている。（注18）

神戸船舶荷役に朝鮮人がいつから働くようになったのかは明らかではないが、一九四三年七月、

「湊川神社に参拝した荷役に来援の半島人部隊」という写真とともに掲載された次のような新聞記事がある。（注19）

朝鮮人名古屋より神戸へ／船舶荷役に一肌／名古屋から半島人部隊来援助
神戸港の荷役増強に一役脱がうと遠路はるばる名古屋から愛国の念燃ゆる半島人荷役労力奉仕隊一行七十余名が神戸船舶荷役株式会社錦見所長引率のもと二十八日午後三時八分神戸駅着列車で来神した。直に湊川神社に赴き花房湊川神社主典により修□を受けてのち神戸国民職業指導所有方総務部長の訓示があって一行は約一週間滞在し、港湾荷役に挺身することになってゐる」（□は判読不明の文字。）

この名古屋から連れてこられた朝鮮人は神戸では短期の労働であったと思われるが、一九四三年段階で、朝鮮人が神戸の船舶荷役に従事させられていたことを示している。（注20）

●川崎重工業

ほかに神戸港関連では、厚生省名簿にはないが川崎重工業艦船工場に朝鮮人が連行されてきている。すでに触れたが同社社史に次のような記述がある。

「同（一九四三）年末には内地における徴用労務源が不足を告げるに至ったので、その範囲を

朝鮮に広げ、翌一九年には、艦船工場では約一六〇〇人の半島出身の〝産業戦士〟を迎えた」（注21）

この一六〇〇人のうちの一人、朴球會が兵庫県社町に生存されていた。朴球會の話によると当時の状況は次のようであった。一九四四年に徴用令状が来て川崎重工にきた。艦船工場東垂水第一寮に収容され、約一ヶ月の訓練ののち主に潜水艦の伝声管をつくる仕事に従事した。とにかく空腹だったことを記憶している。四五年六月の空襲で寮の仲間一六名が亡くなった。寮には警備員がいたが工場への往復のときに逃亡者が多く出た。（注22）

川崎重工業については、特殊鋼工場についてのものだが、次のような「銓衡場に於ける半島人の徴用嫌避の実相」と題する興味深い記録が残されている。（注23）

去る（一九四四年）十月二十七日新義州府に於て施行せられた兵庫県川崎重工業株式会社特殊鋼工場応徴士の銓衡状況に付ての情報が新義州検事正より齎《もたら》されたのであるが、銓衡場に出頭した全員悉《ことごと》くが意気沮喪して生気なく、而も凡ゆる卑屈な手段を弄《ろう》して徴用を免れようとする気運が極めて濃厚であった趣である。／この時二二歳から二三歳の青年一〇〇名の割当数に対して三八六の出頭命令書が出された。実際に出頭したものは二七四名、出頭せずに「事由調査中」のものが一一二名、徴用令状を交付したのは一二〇名であるが、「適格者九十一名に過ぎざるを以て考慮中の者より二十九名を適格者に繰上げ一二〇名を銓衡決定」した。

そして「出頭者の動向」については次のように記している。／半死人の如き態度に出て、徴用官に於て激励するも何等感激せざるのみならず町医者診断書を提出して身体の故障を訴へ、或は身体検査に当り専任医官（道立医院内科々長）に対し僅な身体の故障を誇大に告げ、身体検査に依り不合格者となりて徴用より免れむとの気配濃厚なるものあり。……徴用出頭命令書を受領するや町医者或は道立医院医官を訪問し、身体の不健康なることの証明を受けんと總有（あらゆる）手段を講じたる形跡あり。

さらに医師の話として「第一次徴用より今回迄の間に、何れも出頭命令書の交付あれば其の時より毎晩の如く夜間私の家を尋ねて何とか病名を付けて忌避できるようにと哀願するもの数を知らずという話も紹介されている。徴用の厳しさがうかがい知れる」と紹介されている。

川崎重工業葺合工場については朝鮮人労働者一三九八名についての分析がある。それによると江原道の約三百人を除けば三八度線（休戦ライン）以北の出身者が約八割を占め、一九四三年一月から四五年四月まで計一三回にわたって連行されている。募集した時期は四月が五回と最も多く三月が四回、一月、一一月、一二月が各一回と農繁期を避けた募集となっている。死亡者は二五人で、病死九人、戦災七人、公傷五人、戦死二人、轢死、死亡各一人となっている。また逃亡は四五四人（三二・五％）もいた。その他は、満期三三一人、一時帰国八一人、病気送還二一人、不良送還八人などとなっている。未払金は総額で七万七六〇三円、一人当たり五五・五一円となっている。満期・残留の三三五人の未払金が最も多く総額三万四一七〇円、一人当たり一〇二円であるのに対して、逃亡・自由・不明の九〇九人については総額三万四五四二円、一人当たり三八円となっている。(注24)

調査する会では、集中的に連行されている江原道の二郡一一面の八九人について自治体に問い合わせを行なった。横城郡については安興面、甲川面、書院面、隅川面、屯内面、晴日面、横城面の七面、洪川郡については化村面、斗村面、南面、内面の四面で、そのうち四面から回答があったが生存者が確認できたのは安興面の一名であった。面事務所の職員が転居先を調査してくれ京畿道安養市東安区在住の鄭壽錫(一九二三年五月一九日生)にお会いすることができた。鄭は四三年四月四日に三菱重工業神戸造船所に入所しているが、翌四四年から朝鮮人徴兵制度が始まることや当時一週間に二、三回朝九時から夕方六時まで行なわれていた軍事訓練が契機となっている。幼くして父を亡くし九歳上の兄と母を支えた暮らしの中で徴兵されるより前に、また農作業のできない軍事訓練をするより日本に行って食料を一人分減らす方がいいと考えたという。(注25)

●『内外労働週報』

戦争中、内外労働研究所から発行されていた『内外労働週報』に「川崎重工業製鈑工場の半島労務者管理要綱」という記事がある。（注26）「本要項に於て「訓練工」と称するは移入半島人労務者を謂う」とし、その訓練工を「有能なる産業戦士に育成すると共に環境順応の生活を指導して皇国臣民たる資質を練成」すると謳う。指導綱領には、皇国精神の昂揚、内鮮一体の完成、生活様式の内地化確立、職域奉公の徹底があげられている。具体的な訓練科目として「皇民行事、修身、公民、国語（話し方、読み方、書き方、綴り方）、国史、儀礼、音楽、敬神思想、情操、時局認識、その他日本人としての戦時生活に関する事項」があり「訓練工同士国語にて会話せしめ『方言』を使用せしめざること」とある。また食事については「入所後一ヶ月にて公定配給を以て満足せしむ」「辛き食事は漸次遠ざけしむ」などと記されている。

●「神戸造船所への派遣」

神戸港に強制連行された朝鮮人の証言は限られているが、川崎重工業に連行されたパク・ヨンガプと川崎造船所に連行された張在億（日本名・朝倉庸和）の二人のものがあり、ともに食糧不足と厳しい監視について語っている。また二人とも一九四五年初夏の神戸空襲の恐ろしい体験を語っているが、パク・ヨンガプは東垂水の宿舎で空襲により重傷を負っている。（注27）

在米韓国人の声を集めた『黒い傘の下で―日本植民地に生きた韓国人の声』にチョン・ジェス「神戸造船所への派遣」がある。（注28）チョン・ジェスは、一九二三年全羅北道生まれで、解放後、釜山で会社を営み朝鮮戦争後はソウルでその仕事を再開。引退後に子どもたちの誘いを受けてアメリカに移住した。証言は次のとおりである。

着いたところは神戸です。神戸には、三菱と川崎というふたつの大企業の造船所がありました。衛兵たちに追い立てられるようにして、神戸の郊外にある細長い兵舎に入れられました。私たちのグループには六千人の朝鮮人がいましたが、三千人は三菱、三千人は川崎と分けられました。その全員があの兵舎に詰めこまれたのです。（略）

食事はいつも豆、豆、豆。白米にはお目にかかったことがありません。（中略）たまに、小さなお椀に入ったスープがでることもありました。それでさえ、ひとり分はほんのひとくちしかなかったです。若く食べ盛りの私たちは、いつもおなかをすかせていました。

この兵舎は先の社史にも記述されている宿舎だと考えられる。彼は、空襲のこと、連合国軍捕虜のことなどにも触れている。そして、日本語の話せない朝鮮人への日本軍将校の仕打ちに反抗したことをきっかけとして、危険を犯して逃亡をはかり、浜松まで逃げたときに幸運にもかくまってくれる朝鮮人と出会い、朝鮮に無事渡ることができたのである。

●「大手寮訪問記」

川崎の塩屋の宿舎については、神戸新聞（一九四四年五月）に二回にわたって「美談」も紹介しながらカット入りでルポの記事が掲載されている。

寮長は快男児の中尉／半島の若き訓練工「大手寮訪問記」

山陽電鉄大手停留所山側のアパートかな、と思われる明るい感じの建物それが川崎製鋼工場の訓練工たちにとっては楽しい我が家の大手寮なのだ、「やあ！」寮長の寺井氏だ。北支中支を転戦した陸軍中尉で、昨年（一九四三年）十一月初旬、単身朝鮮に渡り〇〇名の訓練工たちを糾合し得たのだが、船の都合で出発できず、京城の某広場で半ケ月も待機、不安と焦燥に眠れぬ夜を続けたが零下七度の身を切るはうな寒風を衝いて行軍に、分隊教練を敢行した。寮に着いた翌日からもう烈しい訓練だ」（注29）

何かしら熱いもの／半島の若き訓練工「大手寮訪問記」

つひ最近のこと、隣町の大手町二丁目のクリニング屋さんから出火、寮長は直ちに非常呼集を行った、慌てふためくかと思ひの外電撃の整列ぶりだった。宙を飛んで火と闘ひ消防自動車が来た時には隣家への延焼を喰い止めてゐた、また最近に光□（不明）明洙君と山本宗平君の父君が病死したといふ悲報があったが両君は、いひ合わせたやうに帰らなかった―。

私たちは、招集令を頂いたつもりでゐるのです、戦場にある皇軍兵士は父母が死んだからといって、内地に帰ってくることができますか……地下の亡父も帰国せぬ方を喜びます。

娯楽会は多士済々、まづ日蓄当選歌手といふ経歴をもつ綾城幸作君、朝鮮民謡コンクールに一等当選したといふ金沢潤錫君、ギターの名手里見君などが演技を御披露に及ぶ、最近工場の労務課長からハーモニカを寄付されたので、訓練工たちは大喜び、日々点呼までの賑やかさ、それから野菜も作ってゐる。見ると寮の東手の十坪ばかりの畑に葱やしゃもじ菜が行儀よく並んでゐる、夜勤らしい訓練工が二、三人裸足で野菜の世話に没頭してゐると、突然、隊長殿！　蛇です、蛇がでました、その中の一人が素ツ頓狂な声をあげて、いきなり跳ねあがった、青大将がその足もとを悠然とのたってゐる「何だ、大きな男が！、蛇はどうもしやせんさ、安心しろ」寺井寮長が怒鳴ると、その訓練工は極り悪さうに照れながら頭を掻いた「無邪気なもんですよ！　然しどうです、内地語も中々流暢なものでせう」この蛇事件は記者に何か知らぬ熱いものを感じさせた（終）多木生（注30）

以上の記事はもちろんそのままに受け取ることができないが、雰囲気を伝える珍しい記事ではないかと思う。また、次のような記述もある。

朝鮮の対戦争寄与は経済面にあつてはアルミ、マグネなど軽工業や製鉄などますますその重要性を高める反面、労力面にあつても『移入労力』のわが内地労力に占める比重は、特に鉱山方面において六割以上を占むるに至った、重工業県たる本県にも移入労務者数は神戸、尼崎方面を主として〇千名に達し、これらは殆ど純真な年頃の青年ばかりである、大東亜民族十億を数へるとはいへ、それら東亜の解放への主体力となり、内地に来て内地人と協力してゆけるのは、その生活、風俗、習慣、国語を解する半島出身者以外に求められない、この点に鑑み本社は朝鮮労務者□□の来神を機に本社では県協和会と共催で、県下の主要工場代表者三十余氏の出席を乞い、両者のあいだに忌憚のない事情の交換と懇談を行った。

神戸新聞社主催で開かれた座談会の記録であるが、その記事の見出しは「風俗習慣への理解／来てよかったと思はせて欲しい」となっている。(注31)

一九四五年に入ると状況がますます厳しくなっていくが、朝鮮人労働者の「美談」を紹介しつつ必要性を強調する記事も登場する。この記事にあるように強制連行された朝鮮人が志願兵になった事例があるのかについては、確認ができていない。

生産へこの特攻魂／半島同胞／いまぢや職場の大黒柱／粘りと純情で明朗敢闘ご奉公／配置の競願／川崎重工業

共に米英を撃たう、航空兵として、また設備隊員として前線に奮戦している半島同胞は兵庫県下の軍需工場に在っても半島生産特攻隊員となって生産増強に涙ぐましく敢闘を続けてゐる、温情の寮長に続きまた親子、兄弟が生産現場に挺身し、さらに職場においては「一日も早く重要作業に配置して下さい」と嘆願するなど生産戦場に内地と同胞と一体となり?しい増産意欲を盛りあげ、特有のねばり強さを通し素晴らしい能率をあげ工場の人々をいたく感激させてゐるが、いま半島生産隊の力強い姿にふれて見よう。

□□川崎重工業某工場の生産隊列に半島出身青年が加わったが新春とともに訓練工の肩書きとともに早くも現場に姿を現わして敢闘してゐる、既に彼らの先輩多数が一年有余の前からこの工場に在って日毎に示してきた逞しい生産能力が内地工員たちを優に凌駕してその刺激にもなっていることから今度の増員に際しても特に採用された訳でもある。

二十名余りは内地言葉に不自由であるが、大体に教育程度も上に在るものばかりで光山虎雄君は日大専門部出身平安北道所の□□だった、金原龍裕君は法政大専門部出身でもある、会社に着いて訓練工の宿舎と定められている芦屋市打出寮に落着いて二三日もすると〝一日も早く現場に就かせて下さい〟と嘆願して班長たちに強い感銘を与えた。（注32）

当時、神戸工業専門専門学校（現神戸大学工学部）の学生であった福井新（兵庫県明石市在住）は、川崎重工業に学徒動員されたが、自宅の明石から国鉄（現在JR）で通勤するとき途中の舞子駅、塩屋駅から作業服を着た朝鮮人が乗り込んできたことを記憶している。また、「会社（川崎重工）の前でたき火にあたっていた時に知り合った人集め担当の男は『嫌がる朝鮮人を抜刀して脅し、無理やり集めた』と自慢げに話していた」と語っている。（注33）

●空襲と朝鮮人

神戸は米軍による空襲が激しい地域のひとつであるが、空襲をうけた朝鮮人の次のような証言がある。

空襲はひどかった。戦争末期で空襲は毎日のようにあった。一九四五年にも初夏にＢ29の大規模空襲で神戸市が火の海になり、ほとんど廃墟になってしまった。空襲でどれだけ多くの人が死んだのかは知らないが、数日間は仕事ができないので出てくるなというので出勤しなかったが、後で出勤してみると市内の路地ごとに死体があふれていた。（パク・ヨンガプ、労働者、神戸市川崎重工業に徴用）

ほとんど毎日空襲があり、寄宿舎は木造建築で焼夷弾の空襲によって全焼はしなかったが、機銃掃射によって多くの徴用者が死んだ。空襲がある度に、近くの海に行けば大丈夫だと思って海の方へ逃げ、またあるときは山に待避した。一九四五年の夏のある日、空襲があったが、私は顔と手に焼夷弾を受けてやけどを負い、会社が指定した明石病院へ送られた。顔と両手両足にひどくやけどを負ったため、一緒に働いていた同僚たちも顔を見分けられなかった。やけどしたところには、水ぶくれがぶどうの房のようにぶくぶくにできた。その病院でも、負傷していたために空襲があっても逃げることができないまま、恐ろしさに震えていなければならなかった。治療は病院でしてくれた。多くの人が負傷し、金ばえが群れをなして飛び回る劣悪な環境の中で、二カ月ぐらい治療を受けた。（張在億、創氏名：朝倉庸和、労働者、神戸川崎造船所に徴用）（注34）

一九四五年八月一五日のことについて先のパク・ヨンガプは「工場で働いていたが、昼食時に特別談話があるというので行ってみると、天皇が降伏するという放送で日本人が涙を流していた。われわれはこんなに簡単に解放になるなんておもいもよらなかった」と証言している。その後、パク・ヨンガプは「解放になると、仕事はさせられなかった。そのまま寄宿舎で待機していたが、解放後一〇月ごろになってようやく、会社の引率で約八百名が関釜連絡船に乗って一緒に帰った。朝鮮人労働者の中でそれなりに教育を受けた人たちが、逃走して捕まっている人を釈放させるなどいろいろ活動して、一日も早く帰してほしいという要求を会社にしたため、比較的早く帰ることができたようだ」と語っている。一方、張在億は、「解放になると会社が、故郷に送り返してくれるということだったがずるずると遅れ、帰りたい人は各自帰れというので、私は一刻も早く故郷へ帰るために各自が少しずつお金を出し合って船を準備した。お金のない人は、朝鮮に帰ってから払うという条件で小さな船を借りたが、だいたい一〇～二〇名程度が乗れるほんとうに小さな船だった。なにせ小さな船なので台風にでも遭ったらとても危険な状態で、三日間を船と運命をともにしながら玄界灘を渡り、釜山港に到着した」と証言している。

三、中国人の場合

戦時中日本には三万八九三五名の中国人が強制連行され一三五の事業所で強制労働をさせられた。その内六八三〇名（一七・三％）が死亡している。一九四六年、日本政府は、『華人労務者就業報告書』、いわゆる『外務省報告書』を作成した（注35）が、その時、一三五ヶ所の事業所すべてについて『華人労務者就労顛末報告書』（いわゆる『事業所報告書』）を作成している。『神戸港報告書』は、そのうちの一冊で、神戸港には一一七番という番号がふられている。（注36）

中国人強制連行は一九四二年一一月二七日に閣議決定された「華人労務者内地移入ニ関スル件」によって始まる。（注37）その「第一方針」には、「内地ニ於ケル労務需給ハ愈々逼迫ヲ来シ重筋労働部面ニ於ケル労力不足ノ著シキ現状ニ鑑ミ左記要領ニ依リ華人労務者ヲ内地ニ移入シ以テ大東亜共栄圏建設ノ遂行ニ協力セシメントス」（『外務省報告書他』、一三九頁ほか）と書かれている。

●中国から神戸港へ

神戸港に連行された中国人は九九六名、そのうち三三〇名が、神戸空襲により神戸での作業が困難となってのち、室蘭、七尾、敦賀に「移送」されている。『神戸港報告書』、『外務省報告書』（『資料　中国人強制連行の記録』、三一〇〜三一三頁）および「中国人強制連行に関する報告書第四編　連行された中国人の名簿」（『資料　中国人強制連行の記録』、五六三〜五七三頁）より神戸港に連行された中国人について整理すれば次のようになる。以下のように三つのグループ、①福

富華工（特別）、②日華労務（自由）、③華北労工協会に分けられている。(注38)

①福富華工（特別）

一九四三年九月九日に一次（二一〇人）、一九四四年五月四日に二次（二〇三人）あわせて四一三人が神戸に到着した。一次の二一〇人については名簿がないが、全員が一九四四年四月一五日に集団送還されたことになっている。名簿のある二次の二〇三人については、呉日敬、梁永華の二名が死亡している。李興旺、馬宝元の二名が残留し、残り一九九名が一九四五年四月二四日に集団送還されている。

②日華労務（自由）

三次（一九四四年九月二六日神戸着、五一名）、四次（同年一〇月一二日、五〇名）、五次（同日、三二名）、計一三三名が強制連行され、このうち一三〇人が一九四四年一二月五日、更に港運函館に強制連行されている。(注39) また一九四五年二月一五日には港運敦賀に一人連行されている。このなかで兪詳興が死亡している。

③華北労工協会（六次 訓練生、七次 行政）

六次は、三〇〇人が一九四四年一〇月三〇日神戸に到着している。神戸では、黄照正、趙来運、陳流科、龍振三、張天光、李修義、任永運、康的紀の八名が死亡した。六次、三〇〇人の中で九九人が敦賀に、七尾に一〇〇人が更に連行された。敦賀に連行された中国人は更に七尾に移されている。七尾では、神戸より移動させられたもののうち、高徳銀、朱新修、李鴻昌の三人が死亡した。最終的にこの六次の被連行者の中で神戸に生きて残った九三名が一九四五年一一月六日に集団送還された。（注40）

最後の七次は一五〇人で、神戸までの車中で姚洞が死亡し、神戸では趙福栄、耿和善、王徳栄、張満良、郭興元の五名が死亡した。そして残留した王樹林を除く一四三名が同じく四五年一一月六日に集団送還されている。（注41）

「福昌華工」とは福昌華工株式会社のことでこの会社が「満州」での強制連行を担当していた。「特別」というのは特別供出のことで、「荷役造船等ノ経験ヲ有スル華工ヲ中心トシテ編成セラレ素質最モ良好ナルノミナラズ死亡率亦低シ」と言っている。このグループは大連の荷役労働者を強制連行してきた「試験移入」段階のもので、労働者を借りてきたというようなものらしく、それぞれ一九四四年四月の段階で送還している。『神戸港報告書』には「試験移入ノ結果ハ概ネ良好ナル成績ヲ収メタルヲ以テ昭和十九年二月二十八日ノ次官会議決定ヲ以テ曩ノ閣議決定ニ基キ之ガ実施ノ細目ヲ定メ昭和十九年度国民動員計画ニ於テ三萬名ヲ計上愈々本格的移入ヲ促進セシムルコトトナレリ」と書かれているものである。

「日華労務」は「華中ニアリテハ労務供出ノ目的ノ為特設セラレタル日華労務協会之ニ当リ」という協会である。その協会が「主要労工資源地ニ於テ条件ヲ示シ希望者ヲ募集スルモノナリ」という「自由募集」で合計一四五五人を強制連行している。

行政供出と訓練生供出が中国人強制連行の中でももっとも数が多い。合計三万八九三五人名のうち行政供出が二万四〇五〇名、訓練生供出が一万六六七名で合わせれば全体の八九・二%にも達する。これをすべて行なったのが華北労工協会である。

その「行政供出」は、「中国側行政機関ノ供出命令ニ基ク募集ニシテ各省、道、県、郷村ヘト上級庁ヨリ下部機構ニ対シ供出員数ノ割当ヲナシ責任数ノ供出ヲナサシムルモノ」であるという。『外務省報告書』もこの行政供出は「問題ヲ包蔵スル危険アリ」「半強制的ニ供出セザルヲ得ザルニ至ラシメタリ」(『中国人強制連行資料』二二一頁)と不備を認めている。

訓練生供出というのは、「日本現地軍ニ於テ作戦ニ依リ得タル俘虜、帰順兵」を収容所で「訓練」したのちに強制連行したものである(『中国人強制連行資料』、一一一〜一一三頁および二一五〜二二一頁)。

●神戸港における中国人死亡者

神戸では、すでに述べたようにあわせて一七名が亡くなっているが、後に発行された『中国人殉難者名簿附中国人行方不明者名簿』には、一七名の名前とともに以下のような記述がある。(注42)

死亡者処理状況

（イ）死亡診断書署名者　事業場＝佐野実、正木忠生、満田昇、隈鎮雄、中川昇、梶山錠吉、吉岡利

（ロ）火葬許可書の有無　不明

（ハ）遺骨保管場所　神戸市金楽寺、教西教会、金光寺、

一九五七年兵庫慰霊実委の調査に対し、正念寺—旧教西教会—の住職は、〝中国人の遺骨を保管したが、終戦後、米軍か市役所でとりにきた〟と証言している。

遺骨処理状況

（ホ）事業場側証言　火葬にし生存者送還時倖接した。

民間調査

（１）神戸慰霊実委（委員長阪本勝—兵庫県知事）一九五七年に、当時の事業場関係者、寺院等を調査したが、〝十分な要領を得ることができなかった〟（同委員会の「報告書」）

（２）現在全港湾労組神戸支部が調査している。

（３）中央慰霊実委が日華労務協会の手により連行された中国殉難者の遺骨の行方を追求し、一九五七年千葉県白子町安住寺にあるのを発見したが、本事業場における日華労務協会連行

の一三三名のうち死亡者は本名簿4番兪祥興であり、その発見した遺骨の中に兪祥興の遺骨はあるものと認定した。

●出身地・年齢

次に、連行された中国人の出身地と年齢について、『神戸港報告書』より整理すると以下のとおりである。

①福富華工（特別）

一次の二一〇人については事業所報告書に名簿がなく、出身地、年齢とも不明である。

二次の二〇三人については、山東省一三〇人、河北省三二人、江蘇省二九人、安徽省五人、河南省二人、湖北省二人、奉天省、関東省、大連が各一人である。年齢は一八歳から五一歳までで平均年齢は三二歳となっている。

②日華労務（自由）

三次五一人、四次五〇人、五次三二人の計一三八人については、上海一〇四人、江蘇省一〇人、河南省九人、浙江省六人、天津二人、河南省、不明、各一人、年齢は一七歳から五七歳までで平均年齢は二八歳である。

③華北労工協会（六次 訓練生、七次 行政）

六次三〇〇人については、河南省二二五人、山東省三八人、四川省一一人、湖北省一〇人、狭西省八人、安徽省三人、湖南省三人、江蘇省、河北省、各二人、奉天、甘粛省、察哈、各一人で、年齢は一七歳から五二歳まで、平均二五歳である。

七次一五〇人についてはは全員が河北省出身で、年齢は一六歳から五四歳、平均年齢は三二歳となっている。

●死亡者・負傷者

神戸における死亡者についてはすでに述べたが、前掲『外務省報告書』（『資料 中国人強制連行の記録』、五九三頁）には、死亡原因として、公傷二人、伝染病四人、一般一一人とある。

神戸から更に函館、敦賀、七尾に連行された三三〇名のうち、函館で四八名、敦賀で一名、七尾で三名が亡くなっている。神戸港に強制連行された九九六名のうち名簿のある七八六名については、合わせて六九名が亡くなったことになる。

函館で亡くなった四八名は以下の通りである。

仇正山、李文、唐志成、邵嗣恒、陸阿華、李林江、趙杏生、張竹明、李福根、王保悲、華阿狗、任其祥、揚少慶、荘則栄、王徳康、曹慶元、趙順発、朱栄根、笵純如、姜桂慶、陳炳栄、揚植枝、応龍、胡仁芳、趙振麟、胡伯年、杜鶴鳴、周三男、胡金業、李悟真、王阿毛、周雲鶴、張松延、鄭木慶、夏新根、馮楽忠、朱生濤、趙金栄、金祖源、曹洪祥、魏裕錦、呂孟康、金生、沈新高、湯安生、翁伯年、張竹軒、張阿貫。(注43)

函館へ再び強制連行された一三〇名のうち四八名が亡くなったというのは驚くべき数字だ。負傷者についても名簿のある七八六名については、事業場報告書に記載があるが、それがどこまで事実を反映しているかは不明である。

『外務省報告書』の総括表(『資料 中国人強制連行の記録』、五一五頁および六三一頁)によると、負傷者数一三人、罹病者数四一人、不具疾病者数二人、そして公傷・重傷は三人で、死亡二名、不具疾病者二名、私傷・重傷は一名となっている。

一方神戸港から直接あるいは敦賀経由で七尾に再連行された中国人から一八名の失明者が出ている。

敦賀経由の中国人は、李雲中(右目)、王庭(左)、郭豊亭(両眼)、張春栄(両)、呂洪山(両)、朱同喜(左)、蘭福安(左)、張栄軒(両)、七尾直行の中国人は、王文義(両)、呉満星(右)、張栄礼(両)、徐福堂(両)、候玉成(右)、郭保如(両)、周林(両)、劉改成(両)、馮克倹(両)、婁岐山(婁本正、左)の合計一八名である。「現地調査覚書」の「失明患者続出ニ就テ」という項では、「転入華労中ニ於テモトラホーム患者ガオリ、失明セル者ノ殆ドガ之等華労ナリ」(『外務省報告書』、『資料 中国人強制連行の記録』、三九頁)と言い訳をしている。一九九六年八月に訪中して聞き取りをした石川県グループによると、神戸から七尾に強制連行された房照云(一九八八年死亡）の弟・房照順は、「七尾では目が悪くなった人がたくさんいたそうで、失明した人も六四人いたのですが、港で同じような仕事をしていた神戸ではどうでしたか」という質問に「失明者は一〇人程いたと」と答えている。（注44）

一次で連行された李興旺は、神戸港事業場報告書によると脊髄骨折（「私傷」）の重傷を負い戦後、入院を理由に「残留」となっている。この李興旺かも知れない中国人の消息を、後述する中国人宿舎の新華寮の近くにある隈病院で伺った。隈病院は死亡者のうち二名の死亡診断書を書いている病院だが、筆者が隈病院を訪問して元事務長・坂口吉弘（一九二二年一月二一日生）から伺った話は以下のとおりである。坂口は復員後一九四五年一二月七、八日頃から隈病院に勤務したが、一九四六年夏ごろ隈病院に入院していた中国人を白浜の国立療養所（温泉病院？）へ連れて行った。坂口は彼と仲が良かった。付添は坂口の他、神戸市より二名、中国人の世話人一名であったという。（注45）

またおなじく一次の趙学信には、右足切断（公傷）の記録が残っている。言い訳の多い『神戸港報告書』でも「傷害殊ニ公傷発生状況及ソノ原因」として、「何レモ作業中船内ニテ受ケルモノニシテ華労自身ノ不注意ト言語ノ不通ニヨリ生ジタ場合多シ」（一〇七頁）と書いている。

●宿舎

『神戸港報告書』によると中国人の宿舎は、次の四ヶ所があった。

① 三友寮／神戸市生田区中山手通七丁目八五九。「三一四坪四合／□□（判読不明）二階建三棟、平屋建二棟／建坪二四八坪五合、福昌二〇三名、元日人港湾労務者三〇〇名ノ宿舎ヲ改造転用セルモノ」

② 萬国荘／第二次北支工一五〇名、「元映画館ヲアパートニ改造セルモノ」。一九四五年三月一七日の空襲後、『強制家屋疎開』」により四月一四日に一五〇名は新華寮に移転した。

③ 新華寮／神戸市生田区北長狭通七丁目五八。「元日人港湾労務者三〇〇名ノ宿舎ヲ改造転用セルモノニシテ諸施設完備セル中分ナキ宿舎ナリ」とある。現在のＪＲ神戸駅より東約四〇〇メートル。宇治川商店街南入口の少し東、現在のライオンズマンション付近。

一次の三〇〇名は四五年二月一五日に九九名が敦賀へ、四月二七日に一〇〇名が七尾へ移り、一〇〇名が残っていた新華寮に先の萬国寮より一五〇名が入ったのであるが、ここも三月一七日の空襲で三分の一が焼失し、次の海岸宿舎に移転した。

一九九九年七月神戸に来た黄国明は、「港と宿舎の往復しかしなかったのでどこが宿舎かわからない」とのことだったが、『神戸港報告書』の平面図によるとこの新華寮にいたと考えられる。吹き抜けがあったという黄の話は図面の中庭のことだと考えられる。（注46）

新華寮は、戎井旅館を接収したものであるが、同旅館の経営者であった戎井隆寿は、「衛生状態が悪く、風呂にも入れないので、その体臭は実にものすごく、近隣の人から苦情が出るほど」だったと回想している。（注47）

④　海岸宿舎／同じく四五年三月一七日の空襲で焼失した栄町通五丁目貿易会館跡を急遽修理して八月三日新華寮より移転した。

●企業への賠償

『事業所報告書』および『外務省報告書』は中国人に強制労働をさせた企業が自らの責任をのがれ、かつ日本政府に対して中国人を「雇用」したことから受けた「損失」を補償してもらうことも目的としていた。そのため中国人を「雇用」したことから得た利益と経費を計算して、その「損失」を補償してもらったのである。

『外務省報告書』には、「……政府補償ヲ入ルルモ尚相当額ノ赤字ヲ示シ其ノ額ハ推定収入五三、九七七、四六六円ニ対シ支出ハ一九三、六四五、六四二円（内訳終戦前経費一二三、九七二、六三八円終戦後経費六九、六七三、〇〇四円）ニ上リ政府補助金五六、七二五、四七四円ヲ入ルルモ業者トシテハ八二、九四二、七〇二円ノ赤字トナリ居レリ」（『外務省報告書』一三三～一三四頁）と、書かれているのである。神戸港についても、個別の計算がなされており、収入九九万二七〇円、支出一七二万一八三三円で、損失総額は七三万一五六三円であるとしている。

このような二一ヶ所の事業所をもった日本港運業会は、一二六五万六九六二円を日本政府に請求し、その四二％にあたる五三四万四四五円を得たのである。（注48）強制連行した中国人に対して補償を行なわなかった企業にたいしてこのような補償が行なわれたのである。

四、連合国軍捕虜

●捕虜収容所

神戸港における連合国軍捕虜の実態については、前述の『三井倉庫五〇年史』などの中で断片的に触れられる程度であったが、朝鮮人・中国人強制連行の調査の過程で、その実態もより鮮明になった。兵庫県下の捕虜収容所は大阪捕虜収容所の管轄下におかれていた。県下の捕虜数は、一万六三六二人、神戸市内では五四五名であった。(注49) 神戸市内の捕虜収容所は以下の三ヶ所と神戸捕虜病院である。(注50)

①神戸分所

別名「大阪捕虜収容所第二分所」で、当時の神戸市神戸区伊藤町二八、現在の東遊園地西側の神戸港郵便局およびその東側の駐車場のあたり(注51)に、一九四二年九月二一日に開設された。同年一〇月段階で四〇〇名が収容されていたという記録がある。一九四五年六月五日の神戸大空襲で焼失したため丸山分所に避難したのち、同月一九日、脇浜分所に移動した。

②川崎分所

別名「丸山分所」で、神戸市長田区丸山町二丁目、現在の神戸市総合療育センターの敷地にあった。一九四二年一二月八日に開設され、四五年五月一一日に閉鎖されたが、同年六月の神戸空襲のとき、神戸分所および捕虜病院より捕虜が避難してきた。その後、捕虜は脇浜分所に移動したが、捕虜病院は六月一九よりここで再開した。最大時には約六〇〇名が収容されていた。川崎分所の捕虜は、主に川崎重工艦船工場で労働した。

③脇浜《わきのはま》分所

一九四五年二月一〇日に開設され、米・英捕虜一九七名を収容した。同年五月二〇日に閉鎖（疎開）後、滋賀県米原分所に移動し琵琶湖干拓事業に従事した。神戸分所焼失により六月一九日に再開した。七月一〇日、大阪捕虜収容所第二分所と改称している。

このように三ヶ所と言ってもこれらは同時期に並置運営されていたのではなく、それぞれ空襲によって移転を余儀なくされたものである。

神戸市内の五四五人の捕虜の出身地を示す記録はないが、敗戦時に脇浜収容所に収容されていた捕虜四八八人の内訳は、イギリス三六〇人、オーストラリア七三人、アメリカ二六人、中国二人、その他二七人である。捕虜の労働は、神戸船舶荷役、川崎製鉄、川崎重工業、川崎重工艦船工場、三井倉庫、住友倉庫、三菱倉庫、昭和電極、上組等で行なわれた。捕虜の待遇について、オーストラリア人のボイス軍医は以下のように書いている。

捕虜たちは、熱帯の東南アジアでの長い生活の後、日本へ来たので、インフルエンザにかかっている。日本人は高熱の者がいても、インフルエンザ対策にほとんど協力しようとしない。インフルエンザが広がり、分所内には毎晩咳音が聞こえている。年長の者は倒れて、死に直面している。（注52）

衣服も充分なものが与えられなかったが、「一番つらかったのは冬の寒さだった。まともな靴がなく、ボロ布で足をくるんで作業に就いた。その足で雪を踏んだ時の乾いた音が、今でも耳に残る」（レイ・ブラウン）という証言もある。（注53）

●捕虜病院

一九四四年七月に開設された神戸捕虜病院は、現在の神戸市文書館（旧南蛮美術館、神戸市中央区熊内町一丁目）の南にあった神戸中央神学校を日本軍が接収して使用していた。神戸分所と同じく四五年六月五日の神戸大空襲で焼失し川崎分所に移転している。その空襲のときのことを南蛮美術館の池永孟の娘・高見澤たか子は、「南隣の神学校の建物に収容されていた米軍捕虜が、一階の隅の部屋に飛び火したのを消し止めてくれたのである」と回想している。（注54）

この病院には、日本人軍医・大橋平次郎が勤務していたが、彼は、捕虜を「人間の尊厳を持って接してくれ」たという。二〇〇二年三月に、当時、同病院に収容されていたアメリカ人軍医・

マーレー・グラスマンが、大橋の消息を訪ねて、病床の本人の代理で息子・ジョン・グラスマンが神戸を訪問した。すでに亡くなっていた大橋平次郎自身とは会うことができなかったが、その息子と面会を果たした。（注55）

●新聞記事

神戸の連合国軍捕虜に関して、新聞記事により経緯・状況等について考えてみたい。比較的早い時期の新聞記事に次のものがある。（注56）

米人抑留者今暁神戸へ／わが武士道精神で保護取締り

善通寺に収容中のグアム島作戦における俘虜に非ざる米人抑留者が今暁六時、神戸へ到着する、抑留者は政府関係者六三名、航空関係者五名、宣教師一三名、一般市民五四名の総数百三五名で、うち婦人は七名、香川警察部員十名、憲兵三名と兵庫県外事課から受領に赴いた難波警部、刑部警部補が付添ひ、到着と同時に外事課の輸送トラックに分乗、内六四名は神戸区北野町三丁目のバターフイルド・エンド・スワイヤ汽船会社宿舎へ、残り七十名は旧居留地伊勢町のシーメンス・ミッション・インステイチウトへそれぞれ収容され、日本の庇護のもとにおかれる。

また、捕虜収容所の東、神戸市役所の南にある東遊園地で「憩う」アメリカ人捕虜の写真を大きく掲載した記事もある。(注57)

芝生で日向ぼっこ／ほっと一息／抑留米人神戸の第一日

二十三日朝神戸に送られてきたグアム島の米人抑留者百三十二名は神戸到着と同時に一班五十六名は神戸区北野町一丁目のバターフヰールド・エンド・スワイア汽船会社の寄宿舎へ、他の一班七十六名は旧居留地伊藤町のシーメンス・インスティチウトへそれぞれ収容され、この日から寛大な皇国の庇護のもとにおかれることになった、輸送の大任を果たした県外事連絡係の難波警部から視察係の？？部へバトンは移され、ここに彼らの港都での抑留生活が始まったのである。

イギリス人捕虜のついては、次の記事がある。(注58)

英俘虜一行、神戸の収容所へ

陸軍輸送船リスボン丸で内地護送中鬼畜の如き米潜水艦の襲撃を受け全員溺死の憂目から皇軍の恩讐を越えた救護で九死に一生を得た英俘虜一行は十一日神戸に到着、俘虜収容所に入った、十二時五十分神戸駅に降り立った俘虜〇〇名は粛然と東遊園地へ。

東遊園地では森本安浩中尉の前に整列、閲兵を受け〝□子はこれより俘虜収容所に入る、□子の□□□は認め逃亡の意なく規律に従ふものは同情をもって?・子の軍人たる名誉を尊重して公正に取扱ふものである〟と□□両全の訓示に深く頭を下げて一小隊毎に〝日本軍の軍律に従ひ逃亡せず〟の宣誓に右手を挙げて誓ふ、次で所持品検査を受けかくて市民の注視を浴びながらロンドンの英俘虜は粛々と収容所に入った。

●民間人抑留所

一方、神戸市内の民間人抑留所の存在も明らかとなっている。神戸警備隊中部第四六部隊に勤務していた松本充司は、当時巡回に使用していた収容所の配置を印した地図を保管していた。そこには警備隊、重要施設・工場、消防署、警察署、食糧集積所、緊急避難所が示されているが、その他に第一から第四までの民間人抑留所が記載されている。松本氏は一九四四年一月から約一年間警備隊の任務についていたが民間人抑留所について「人数と国籍は確認しに廻ったが食事のことから(軍の)管轄外だった。青田の乗馬クラブの隣の大きな家が一般の第一抑留所だった。そこは二回兵隊と巡回した。人員書（名簿）は申し送りで次に渡した」と証言している。(注59)

●ジョン・レインのケース

先に紹介したように元オーストラリア兵捕虜ジョン・レイン（John Lane）は、神戸捕虜収容所に関して貴重な記録『夏は再びやってくる（原題、Summer Will Come Again）』を残している。以下、これによりジョン・レインのケースを紹介する。

一九二二年イギリス生まれのジョン・レインは、三二年オーストラリアに渡り三八年フェアブリッジ農場学校を卒業後、四一年オーストラリア帝国軍隊に入隊した。アジア・太平洋戦争開戦後、オーストラリアを出発して数週間もたたないうちに四二年二月一五日、「シンガポール陥落」により一〇万人の捕虜の一人となり、チャンギー収容所に収容された。四三年六月八日、下関経由で神戸に移送された。捕虜生活を通して秘密裡につけていた日記があり、それをもとに神戸での捕虜生活について詳細な手記を書いている。

レインは、神戸分所に入った翌日から日本語の号令で訓練を受けた。

（三井）高浜（倉庫）、神戸船舶荷役などの日本の会社は、我々にとって、コールズやウールワースといったような会社の名前と同様、すぐになじみ深いものとなった。これらの会社の倉庫はいずれも大きく、人工的に作った海岸沿いの敷地に点在しており、我々オーストラリア兵のほとんどがそこでの労務を命じられた。

吉原製油所では「盗み」が発覚して営倉に入れられたこともあったが、生きるためにピーナッツなど巧みに盗み出している。空襲警報に日本の敗北が近いことを感じとっていた。

我々は最初の空襲警報を聞いた。それ以後、サイレンの回数は日ごとに増え続けたが、それは空軍機攻撃の始まりを知らせるものであり、大日本帝国の崩壊が徐々に進んでいる兆候でもあった。

一九四五年六月五日の神戸大空襲で神戸分所は焼失して通称丸山分所に移動した。その後脇浜収容所に移動してそこで終戦を迎えた。八月二四日にはそこで祝賀行事が行なわれ、民間人抑留所にいた人々も加わった。そして九月六日、神戸三宮を出発して横浜、厚木基地、沖縄嘉手納基地、フィリピンを経由して、一〇月一三日シドニーにもどった。

ジョン・レインは二〇〇四年五月訳書の出版記念会に再び神戸を訪れたとき、「私は神戸というこの街での私の経験を、皆様に語らなくてはならない使命を負っている」と語っていた。（注60）

彼は、資料をオーストラリア戦争資料館に寄贈している。空襲で崩壊した神戸収容所の写真も含めて、同館のホームページで閲覧することができる。（注61）

また同じくオーストラリアの捕虜レイ・ブラウンは、一九四三年五月から神戸の捕虜収容所に入れられていたが、彼について次のような記事がある。

神戸の収容所は、三階建の倉庫を改装したものだった。ブラウンらに与えられた主な仕事は、港での荷役作業。米や大豆、砂糖などの食糧を積んだ貨物船が、アジア各地から入港してきた。一人の荷役量は、一日で十二トンにもなった。身体中が痛んだが、一番つらかったのは冬の寒さだった。まともな靴がなく、ボロ布で足をくるんで作業に就いた。その足で雪を踏んだ時の乾いた音が、今でも耳に残る。（注62）

●帰国

神戸市内の収容所のところで述べたように、捕虜病院は別にして、唯一残された脇浜分所で四八八名（イギリス三六〇名、オーストラリア七三名、アメリカ二六名、中国二名、その他二七名）が、一九四五年八月一五日をむかえることとなった。

先のジョン・レインは、九月六日に神戸を発ってオーストラリアに向かったが、それぞれの捕虜は、祖国に帰ったのである。

連合国軍捕虜とともに学徒動員により川崎重工艦船工場で働いていた塚本茂は、工場で八月一五日「玉音放送」を聴くことになるが、「米・英軍の捕虜を当時、神戸・会下山にあった憲兵隊が監視し、使役していた。そして、『缶詰』と称し、三日三晩、不眠不休の作業を強制された時もあった」（注63）と回想している。

まとめ

神戸港における戦時下朝鮮人・中国人・連合国軍捕虜の強制連行・強制労働について、まだまだ不明な点も多いが、調査する会の活動によりおぼろげながらその実態がみえてきた。ここでは、網羅的に資料を集め、できるかぎり理解しやすいように整理し紹介した。

神戸に生まれ育った筆者も、一九九〇年代までこれらの事実を知らなかった。アジア・太平洋戦争の時期に、もちろん日本人も困難な状況におかれたが、朝鮮人・中国人・連合国軍捕虜は、より過酷な状況におかれていたのである。

二〇〇八年七月二一日、神戸港にほど近い神戸市中央区海岸通のＫＣＣビル（二階に神戸華僑歴史博物館）前に〈神戸港　平和の碑〉が建立された。歴史が書物等に記録されるとともに、日英中朝、四ヶ国語で歴史が次のように刻まれている。（注64）

　アジア・太平洋戦争時期、神戸港では労働力不足を補うため、中国人・朝鮮人や連合国軍捕虜が、港湾荷役や造船などで苛酷な労働を強いられ、その過程で多くの人々が犠牲になりました。私たちは、この歴史を心に刻み、アジアの平和と共生を誓って、ここに碑を建てました。

二〇〇八年七月二一日　神戸港における戦時下朝鮮人・中国人強制連行を調査する会

注

1　神戸港における戦時下朝鮮人・中国人強制連行を調査する会（代表・安井三吉）のホームページは、http://ksyc.jp/kobeport/

2　朝鮮人・中国人について強制連行がなされたことについては異論がないと考えられるが、連合国軍捕虜に対して強制連行という用語が用いられることに異論があるかもしれない。筆者は、連合国軍捕虜についても強制連行ととらえて問題がないと考えている。

3　金英達「一九四六年『厚生省名簿』が日の目を見る―兵庫県分一万三千余名のリスト―」（兵庫朝鮮関係研究会『在日朝鮮人90年の軌跡―続・兵庫と朝鮮人―』一九九三年、神戸学生青年センター出版部、一二四〜一三九頁、所収）

4　原本は東京華僑総会が所蔵。復刻版を神戸・南京をむすぶ会が一九九九年に刊行している。

5　ジョン・レイン（平田典子訳）『夏は再びやってくる―戦時下の神戸・オーストラリア兵捕虜の手記』、神戸学生青年センター出版部、二〇〇四年。

6　他に、①飛田雄一「『戦時下神戸港における朝鮮人・中国人強制連行』覚え書き」『むくげ通信』一七七号、一九九九年十一月、②安井三吉「『記憶』の再生と歴史研究」『現代中国研究』十二号、現代中国研究会、二〇〇三年三月、③飛田雄一・安井三吉「神戸港にみる強制連行」（『岩波講座・アジア・太平洋戦争』四巻所収、二〇〇六年二月）、④飛田雄一「新聞記事にみる『神戸港の強制連行／強制労働―朝鮮人・中国人・連合国軍捕虜―』（『むくげ通信』二二六号、二〇〇八年一月）などがある。

7　『神戸市史』第三集産業労働編（一九六七年）六七五〜六七八頁。ここでいう「事業場報告書」は後に紹介する『神戸港報告書』のことである。

8　『新修神戸市史　歴史編Ⅳ　近代・現代』（一九九四年）、八七二〜八七三頁。

9　神戸市『神戸開港百年史　港勢編』（一九七二年）、七六三〜七六四頁。その他、財団法人神戸港湾福利厚生協会『収録港湾労働神戸港』（一九八八年）では「戦時下の港湾と統制会社」では、のちに紹介する神戸港運株式会社について当時の関係者の回顧談も掲載しつつ詳述している。朝鮮人・中国人・連合国軍捕虜に関連する記述は一九四四年五月の神戸港港湾荷役改善協会理事会で「中国人労働者の合宿所設置は、団体訓練などの必要なときでもあり、是非実現したい」という議論がなされたことだけが書かれている。丸谷喜市（神戸港はしけ運送事業協同組合理事長、神鋼海運株式会社代表取締役会長）の回顧談のなかに「脇浜の俘虜収容所に爆弾がおとされたこと」が港運時代の特に記憶に残ったこととしてあげられている（五二頁）。労働者側の記録として『闘いは時を越えて―全港湾関西地本四〇年誌―』（関西労働旬報社、一九八九年）の「戦時下の港湾労働者」（四八～五一頁）にも朝鮮人等に関連する記述はない。

10　『兵庫県警察史』二一一～二一三頁。『暗黒日記』（岩波文庫）にこの部分はないが、ちくま学芸文庫『暗黒日記1』（二〇〇二年）二六七～二六九頁には記載されている。

11　『川崎重工業株式会社社史（本史）』（一九五九年）七六一頁。この社史には朝鮮人の宿舎の写真が三点掲載されている。いずれも一九四三年のもので、第一本山寮、第二本山寮、西垂水寮である。西垂水寮は、筆者（一九五〇年生まれ）は高校時代に、舞子から山陽電車で兵庫駅まで通っていたが、当時まだそのときの建物が残っていたのを記憶している。

12　『川崎重工業株式会社社史（年表・諸表）』一九五九年、一〇八頁。

13　『新三菱神戸造船所五十年史』（一九五七年）二八頁

14　三菱重工業株式会社神戸造船所発行『和田岬のあゆみ（中）』（一九七三年）、二八一～二九二頁。

15　朝鮮人強制連行については、山田昭次・古庄正・樋口雄一『朝鮮人戦時労働動員』岩波書店、二〇〇五年、参照。

16　労働省記者会見発表資料、一九九〇年八月七日、朝日新聞等参照。

17　前掲金英達論文参照。

18　前掲調査する会『記録』（明石書店）、三三一～四二一頁。

19　神戸新聞、一九四三年七月二九日。

20　戦後のことであるが、この船舶荷役株式会社は、一九四六年一一月二八日、強制連行した朝鮮人の未払い賃金、七人分、二、五六八円二三銭を神戸供託局に供託している。国立公文書館つくば分館所蔵、『経済協力・韓国一〇五』「朝鮮人に対する未払い賃金・債務等に関する調査集計」（労働省）（5・53・3451）

21　川崎重工業株式会社社史編さん室編『川崎重工業家株式会社社史（本史）』七六一頁。

22　朴球會の証言は、中国人強制連行真相調査団『中国人強制連行調査の記録―兵庫編』（一九九三年一一月）六一～六二頁および前掲調査する会『記録』、一〇五―～一一六頁、参照。

23　高等法院検事局『朝鮮検察要報』第十号、一九四四年十二月、前掲調査する会『記録』一二四～一二七頁所収。他に、「応徴士竝家族の言動」として、「先輩応徴士の通信に依ると、食糧不足と衣料不足に依り困難する外、応徴士を満支人苦力の様に使役し、中には逃走する者、工場側と喧嘩し留置されるもの等言葉に余るものある由。我々は徴用と言へば地獄にでも引張り込まれる様な気がして、当局の命令なればこそ已むなく応ずる訳だ（応徴士）。／最近内地は敵の空襲を受け、各工場に従業した工員は殆んど骨も拾へぬと言うことだが、内地に応徴した者は更に郷里に帰る事は出来ないから之が最後の別れです（家族）。」

24　孫敏男「川崎重工業製鉄所葺合工場―『厚生省名簿』について」、前掲調査する会『記録』四四～八五頁。

25　孫敏男「川崎重工業製鉄所葺合工場に連行された鄭壽錫さんの現地調査報告書」、同『記録』、八六～九八頁。

26　内外労働研究所『内外労働週報』五四〇号、一九四三年一月二九日、同『記録』一一八～一二三頁所収。

27　金仁徳編著『強制連行史研究』景仁文化社、ソウル、二〇〇二年、一五三～一五五頁、二四〇～二四二頁。

28　UNDRE THE BLACK UMBLELA: Voice from Colonial Korea, 1910-1945 by Hildy Kang, Cornell University Press, 2001　邦訳は、ヒルディ・カン著、桑畑優香訳『黒い傘の下で―日本植民地に生きた韓国人の声』二〇〇六年九月、発売元・ブルース・インターアクションズ。二一三～二二三頁。

29　神戸新聞、一九四四年五月二三日。さらに以下のように続いている。「体力の練成に加えて精神教育を主眼とする寮長以下教官の必死な努力は僅か一ヶ月で〝産業戦士の資質付与〟という目的を立派に達成、押迫った年の暮れに大手寮の窓硝子は時ならぬ歓声によってピリピリと震えた、十八歳から二十八歳までの半島若者七十五名の顔はみな明るい歓喜の色が□つた。／職場での熱心さには頭が下がります、殊に指導員や先輩工員への信頼から湧き上がる忠実さや、服従心の旺盛なことは予期以上のものです。／寮には看護婦さんもゐるのだが、公傷病は病人の監視に一苦労だという、それは公傷で生爪を剥がした患者や、三十八、九度の発熱患者が、少しでも油断してゐるとこっそり抜け出して工場へ行ってしまふからである。聖戦完遂に増産が何如に大きな役割を持ってゐるかを、徹底的に認識してゐるのだ『毎晩十一時半には寮の各部屋を廻ってみるのですがこれがまた私の嬉しい仕事の一つです、毛布の何も蹴飛ばして、健康な寝息を立ててゐる無邪気な訓練工たちの姿に、一日の労苦を感謝しながら、一人々々に毛布を着せかけてやるのですが、何ともいえない気持です…』／XX医大在学中に教授と口論して自ら退学し、日大に移ったという快男児の寺井寮長はお医者の勉強をしてゐるだけに、生理衛生学は玄人だし、寮長として満点だ（つゞく）多木生」

30　神戸新聞、一九四四年五月二四日。

31　神戸新聞、一九四四年六月一三日。

32　神戸新聞、一九四五年一月一二日。以下、つぎのように続く。「新参にして既に斯くの如しだ、先輩たちの敢闘振りを覗へば感激させられる話題の数々を生んでゐる、だからこの新参到着の報を聞いただけで各部の現場からはその配置を競願して労務課員に嬉しい悲鳴を上げさせたものだ、半島出身者たちはすべて〝訓練工〟の名のもとに現場に配置されている、この訓練工の配置があるところ工員も学徒も、勤労隊員たちも激励させられまた協力精神を促進させられるのである。／ある部はそのため一二〇%の能率を上げてゐるト木金求君は足部に負傷しても翌日敢然と職場を堅守、南原?君と金原龍幹君は母の死亡の手にしても〝帰らぬ〟と頑張ったうえ爾来六ヶ月を皆勤して半島出身者の意気を示し、松谷吉球君は鋼塊引出器ほか二点の新工夫をして努力不足を補い安全感を与えて作業能率を上げたため表彰されまた錦川三植君は輸送に挺身奮闘して特に近畿管理部から感謝状を贈られたりなど四十七名からの表彰者をだしてゐる、朝七時から十二時間の現場作業後さしもの健体にも相当こたへるところがあるのだが、一同の必□の信念はこれを苦痛とせ□めないのだ。／昨年来にはこのうちから初めての入営兵九名を送り陸海軍志願兵も十数名数へる、大江中尉を寮長とする打出寮における日ごろの訓練から湧然と絶えざる生産意欲を湧き立たせてゐる、この訓練工たちは全くこの工場の生産特攻隊とも見られるのだ」

33　毎日新聞、二〇〇〇年七月二三日。

34　金仁徳『強制連行史研究』二〇〇二年、ソウル、景仁文化社。調査する会『いかり』一〇号（二〇〇八年一二月）に堀内稔が翻訳・紹介している。

35　『外務省報告書』といわれているのは、『華人労務者就労事情調査報告書』で、①要旨、②別冊（事業場概要）、③第一分冊（第一部、移入・配置及送還事情）、④第二分冊（死亡・疾病・障害及関係事情）、⑤第三分冊（就労事情・紛争及就労成果）よりなる。田中宏・松沢哲成編『中国人強制連行―「外務省報告書」全五分冊ほか―』、現代書館、一九九五年、に解説とともに収録されている。

36　『外務省報告書』は長く日本政府によってその存在を否定されていた。田中宏・内海愛子・新美隆編『資料 中国人強制連行の記録』（明石書店、一九九〇年）所収の内海愛子「中国人強制連行の名簿について」（六五五～六五八頁）によると、「現在それはございません。ないことだけは確かであります」（一九五八年四月九日、衆議院外務委員会での松本政府委員の答弁）、「一度外務省には詳細に個人名を並べた収容所調査簿があったわけでありますが、それが終戦直後焼失いたしまして、現在その詳細なものがないことは確かでございます」（同年七月三日、同委員会）と答弁している。また、ＮＨＫ取材班『幻の外務省報告書―中国人強制連行の記録』（日本放送協会、一九九四年）参照。

37　中国人強制連行については、杉原達『中国人強制連行』岩波書店、二〇〇二年五月、参照。

38　前述『神戸港報告書』より。また、兵庫県殉難中国人慰霊実行委員会『一九五七年一二月一五日中国紅十字会代表団来神記念　兵庫県殉難中国人慰霊と殉難詳報』（前掲調査する会『記録』二一一～二六一頁に再録）および同実行委員会『爪跡を探る―神戸港・中国人殉難略記』一九六一年三月二四日、がある。

39　（『外務省報告書』によればこのうち四七名が死亡。『資料 中国人強制連行の記録』の『名簿』では四八名となっている。

40　敦賀への中国人強制連行については、橋本一郎「中国人強制連行と敦賀港」、『気比私学―結成二十五周年記念誌』二〇〇五年一一月、参照。七尾については、平和へのうねり・いしかわ友好訪中団編・発行『痛苦の証言・50年を越えて―七尾強制連行の生存者を訪ねて―』、一九九七年、および角三外弘『七尾への中国人強制連行―地域から戦争加害を考える』石川県地方自治研究センター、二〇〇〇年、参照。

41　『日本海事新聞』一九四四年一〇月一二日に「神戸港特殊労務者近く到着／〔神戸支局発〕神戸港において受入れる特殊労務者五百名は予定より約一ヶ月半遅れ本月中旬到着脇浜国民学校跡へ収容、荷役作業に従事することとなった」という記事がある。人数が合わないがこの記事は六次、七次のものをさしているものと思われる。同年一二月三日の同新聞には、「来る五日の酒田港二〇〇名を第一便に、小樽二二〇名、新潟三〇〇名、神戸一五〇名都合八七〇名が十日頃までに受入港湾に全部到着する予定である」とある。

42　中国人殉難者名簿共同作成委員会『中国人殉難者名簿　附　中国人行方不明者名簿』（一九六〇年二月）

43　陳炳栄は、『名簿』（『資料 中国人強制連行の記録』五六六頁によれば一九四五年年十一月二二日死亡となっている。この一名が『外務省報告書』にカウントされていなくて同報告書では四七名となっているようだ。前掲『中国人殉難者名簿』には、神戸から函館に移送されたものも含めて計六八名の死亡者の名簿が掲載されている。

44　前掲『痛苦の証言・50年を越えて―七尾強制連行の生存者を訪ねて―』、三三頁。

45　一九九八年一一月九日、筆者のインタビュー。前掲調査する会『記録』一七四～一七五頁参照。中国人の世話人一名は、世話人として残留したという馬宝元の可能性がある。西出政治「戦後の港湾労働」（『歴史と神戸』四四号、一九七〇年一〇月所収）に「Fさん（のところに）は終戦後も以前使っていた俘虜が時々呼びに来た。そして日本人は食べ物に困っているだろう、と自分たちで作ったマントウやたばこなどを、何度か貰って家に帰った。昨日までの主客が転倒した。病気だった俘虜の一人は終戦後も山手の隈病院に入院していて、後に和歌山の白浜温泉に治療に行ったと聞いたが、その後の生死はわからない」という文がある。

46　黄国明さんはまた「空襲のときガード下に逃げこんだ」ことを覚えているというが、それが新華寮からすぐ南にあるガードのことか作業中の波止場から逃げこんだ別のガードのことかはわからないようだ。黄国明さんの証言は、前掲調査する会『神戸港切れの記録』一六二～一六四頁および調査する会『いかり』一号（二〇〇〇年二月二〇日）四〜五頁にある。また黄国明の来神時の様子については、一九九九年七月二八日の朝日新聞および神戸新聞参照。
47 日本中国友好協会生田支部『日中いくたニュース』第二号、一九七六年五月。戎井は、その後も死亡した一七人の遺骨を探す活動を続ける。「中国人一七人の遺骨探して／心の日中戦終結を／友好運動の2老人訴え」、朝日新聞、一九七八年二月一〇日、参照。
48 （『外務省報告書』、『資料中国人強制連行』、七八〇〜七八三頁。
49 茶園義男編『大日本帝国内地俘虜収容所』不二出版、一九八六年。
50 以下、連合国軍捕虜関係の引用は、福林徹『大阪捕虜収容所について』（二〇〇二年六月、神戸港調査する会講演会での講演資料）より。この資料をもとに平田典子が前掲調査する会『記録』二九〇〜二九三頁で整理をしている。
51 調査する会『記録』291頁では、三井生命ビル周辺仲町通りに面した所、元ドイツ総領事館一東町としたが、誤りであった。道路を挟んで北側の「神戸港郵便局およびその東側の駐車場」が正しい。これは、二〇〇七年一〇月に来神した元イギリス軍捕虜・デニス・モーレイが神戸分所を再訪したときに調査する会とともに確認作業を行なった。デニスの記憶および資料から、訂正を行なった。デニスは、「毎日一二時間、神戸港で米や豆などの荷物の運搬に従事した。休みは月に一回。『人間として扱われず、労働の頭数にすぎなかった』という」（朝日新聞、二〇〇七年一〇月13日）
52 ジョン・レイン前掲書、一〇八頁。
53 神戸新聞、一九九二年二月二〇日。
54 高見澤たか子『金箔の港―コレクター池永孟の生涯』筑摩書房、一九八九年、三〇六頁。中央神学校について、中央神学校史編集委員会編『中央神学校の回想』、聖燈社、一九七一年一二月がある。この神学校は賀川豊彦が卒業したことで知られているが、韓国では多くの卒業生が神社参拝に反対した神学校として知られている。
55 毎日新聞、二〇〇二年三月二九日。調査する会ブックレット、二九〜三〇頁に、平田典子によるマーレー・グラスマンの息子ジョン・グラスマンの聞き取りがある。
56　神戸新聞、一九四二年一月二三日。
57　神戸新聞、一九四二年一月二四日。
58　神戸新聞、一九四二年一〇月一三日。
59　前掲調査する会『記録』二八二〜二八三頁。また松本充司は、連合国軍捕虜関連の地図を保存されており、その地図は調査する会に寄贈された。また調査する会フィールドワークに参加されたとき、「毎朝、百三十人ほどのオーストラリア兵捕虜を三宮の東遊園地に集め、捕虜の将校に、虐待を受けていると抗議を受けたこともあった」と発言している。神戸新聞、二〇〇二年一〇月一六日、参照。
60　ジョン・レイン「神戸捕虜時代をふりかえって」、調査する会編『いかり』九号、二〇〇四年七月。ジョン・レインの来神に関しては、神戸新聞、二〇〇四年三月一三日、参照。
61　オーストラリア戦争資料館のホームページは、http://cas.awm.gov.au/
62　神戸新聞、一九九二年二月二〇日。
63　神戸新聞、二〇〇二年八月一七日。たしかに、松本充司の連合国軍捕虜関係地図には、会下山の東に「憲兵分隊」が書き込まれている。
64　石碑建立の経緯等については、室田元美「あの日、日本のどこかで―神戸港 平和の碑、兵庫県神戸市―」、月刊『自然と人間』一四七号、二〇〇八年九月、飛田雄一「歴史を刻む―神戸の外国人―」、神戸地区県立学校人権・同和教育研究協議会『えんぴつ』三一号、二〇〇九年二月、参照。
（「アジア・太平洋戦争下、神戸港における朝鮮人・中国人・連合国軍捕虜の強制連行・強制労働」世界人権問題研究センター『研究紀要』14号、二〇〇九年三月）

第三章　法的地位

サンフランシスコ平和条約と在日朝鮮人——一九五一・九・八〜五二・四・二八

在日朝鮮人にとって在留権は、最も基本的な権利と言える。それは生活基盤の原点だからである。（※本論文は、一九八〇年六月『在日朝鮮人史研究』六号に収録されたもので、在留資格等の状況は当時のものである）

在日朝鮮人の在留資格は、日本政府の恣意的な分断政策により細分化されてきた。現在主に、①法律一二六号該当者、②法律一二六号該当者の子（特定在留者）、③協定永住、④特別在留者の四つの在留資格に分けられているが、ここでの第一の特徴は、日本への地縁的結合関係が強くなっていくに従って不安定になっているということである。

すなわち主に総連系の一世二世が含まれると思われる①の法律一二六号該当者は、一九五二年四月二八日以前に生まれたものであるが、その後に生まれた①の子（特定在留者）は、現在①と、現実的には同じ扱いを受けているが、三年に一度の切換えをしなければならないという不便をこうむっている。

では②の子どもはどうなるのか。②の特定在留者の最年長者は、一九五二年四月二九日生まれであるから、現在二七歳（本論文執筆の一九八〇年時点）であり、すでに子どもも生まれている年齢である。その子どもの在留資格は、今のところ法律的に何ら定められていない。従って法務省はやむなく（?）特別在留許可を与えている。彼らの場合には三年の特別在留許可を与えられているが、特別在留許可というのは、例えば密入国してきた外国人で長期在留等の理由により法務省が在留を認める時に与えられたり、一年以上の刑を受けた法律一二六号該当者が強制退去を免れた後に与えられたりするものと同じものである。

一二六号該当者の在留期間、在留資格は当分の間、問われないというのに比べると、二世、三世、四世と代を重ねるにつれて一般外国人なみの在留資格に、より不安定な在留資格に近づいているということができる。これは在日朝鮮人が、日本帝国主義の朝鮮植民地支配によりもたらされたものであり、日本政府には彼らの在留を保障する義務があるとする私たちの立場からみて許し難いものである。

一方、韓国系の一世二世がもっている③の協定永住許可についても同じことが言える。協定永住許可は、一九六五年六月二二日に調印された日韓法的地位協定によるものであるが、一九七一年一月一六日までに申請したものが一代目、その子が二代目で、協定永住許可は二代目までと定められている。三代目以降については韓国政府より要請があれば、法的地位協定効力発生後二五年目（一九九一年）に再協議の可能性があると定められているだけである。一九七一年一月一七日以降に生まれた協定永住二代目の最年長者は九歳であるが、法律一二六号該当者の場合と同じように三世四世が④の特別在留者になると予想される協定永住者三代目の誕生は遠い将来の話ではない。

法務省としても在日朝鮮人の法的地位のありようについての検討をすすめていることと思われるが、私たちとしても在留朝鮮人の在留権を将来にわたって確保するために、在日朝鮮人の権利、いいかえれば在日朝鮮人としての在留権を歴史的に後づける作業が必要であると思われる。

戦後の在日朝鮮人の在留権に関しての最初の大きな転機が、一九五二年四月二八日のサンフランシスコ平和条約（以下、サ条約）の発効である。本稿では、一九五一年九月八日のサ条約調印から翌五二年四月二八日の発効までの期間の在日朝鮮人の在留権に関する問題について、日本政府、ＧＨＱおよび韓国政府のそれぞれの、考え方および相互関係を明らかにしたい。

一、サ条約発効と在日朝鮮人

一九四五年八月一五日に日本帝国主義は敗れ、朝鮮は解放される。当時二〇〇万人以上いたとされる在日朝鮮人も解放され、故国である朝鮮に数多くの朝鮮人が引揚げ船で、あるいは自費で船を購入して帰国していった。しかし、南朝鮮の政治経済情勢により帰国が困難になったこと、日本在留が長期にわたり日本にそれなりの生活基盤があったこと等により、引揚げ事業が一応終了した一九四六年一二月以降に五～六〇万の朝鮮人が日本に引き続き在留することが明らかになった。

一九四五年八月一五日から一九五二年四月二八日の期間は日本がGHQに占領されていたが、この時期の在日朝鮮人の地位は、GHQも日本政府も基本的には日本国籍をもつものとみていたということができる。

GHQは、朝鮮を当初「戦争により従来の地位に変化をきたせる国」（一九四五年一〇月三一日）とし、その後は「特殊地位国」（四七年八月四日以降）と定義した。そして在日朝鮮人については四五年一一月三日に「朝鮮人は軍事上許す限り解放国民として扱うが、必要なときには日本国民として扱われる」という指令が出され、連合国民に与えられる特権は認められず、朝鮮への引揚げをしない朝鮮人は日本国籍を有するものであると定義するのである。

日本政府はもっと「原則的」で、在日朝鮮人は講和条約によって戦争状態が終結するまで朝鮮半島に住む朝鮮人も含めて日本国籍を有するという立場をとり、日本の最高裁判所もその立場を支持した。

では一九五二年四月二八日のサ条約発効により在日朝鮮人の国籍はどうなったのか。日本政府によると五二年四月一九日付の「平和条約発効に伴う朝鮮人・台湾人等に関する国籍及戸籍事務の処理について」という法務府民事局長の通達によってサ条約の発効と同時に「日本国籍を喪失した」のである。即ち、「朝鮮及び台湾は、条約の発効の日から日本国の領土から分離することとなるので、これに伴い、朝鮮人及び台湾人は、内地に在住している者を含めてすべて日本の国籍を喪失する」というのである。これはすでに一九五〇年七月一日に施行されていた新しい「日本国籍法」第八条の「日本国民は、自己の志望によって外国の国籍を取得したときは、日本の国籍を失う」という規定にもかかわらず、当時、日本国籍を有していると定義されていた朝鮮人は、一片の通達によって「自己の志望」とは無関係に日本国籍を一律に喪失したのである。

このサ条約発効により、戦後入管体制が成立することになり、日本政府としては在日朝鮮人政策に関してもGHQの指導を受けず独自の判断の下に推し進めていくことになる。GHQ占領時代において、在日朝鮮人をいかに支配するかは日本政府にとって治安上の大きな問題であったが、サ条約発効により朝鮮人の日本国籍を喪失させることにより外国人たる朝鮮人(強制退去が可能)を支配できるという切り札を確保したといえるのではないかと思う。外国人の在留は、その国の政府の決定しうるところとなっているからである。

一九五一年九月八日の調印から五二年四月二八日の発効までの時期に日本政府は、一方でGHQの気げんをとり、一方で韓国政府をなだめながら、在日朝鮮人の日本国籍一律喪失にもちこんだ時期であると考えられるが、次にその過程をみてみることにする。

二、日韓会談予備会談での論議

サ条約は一九五一年九月八日に調印されたが、この条約には在日朝鮮人の国籍に関する規定はなかった。サ条約には朝鮮に関するものとして「日本は、朝鮮の独立を承認して、済州島、巨文島及び鬱陵島を含む朝鮮に対するすべての権利、権限及び請求権を放棄する」(二条a項)という規定があるだけであった。サ条約に在日朝鮮人に関する規定がないので、別に何らかの形で在日朝鮮人のサ条約発効後の国籍について規定しなければならなかった。そこでGHQは一〇月九日に日本政府に対し、在日朝鮮人の国籍について韓国政府と話し合うよう要請した。

この要請を受けて一〇月二〇日より日韓予備会談が始められ、在日朝鮮人の法的地位、財産請求権、漁業問題、基本関係について論議がなされた。その中で法的地位委員会は一〇月三〇日より翌五二年四月一日まで計三六回開かれた。第一回会合には日本側より田中光男代表の他、平賀健太、今井実が委員として参加し、韓国側からは兪鎮午代表の他に金東祚、洪璡基、韓奎永が委員として参加した。

この三六回におよぶ法的地位委員会の内容については韓国外務部発行の『第一、二、三次韓日会談在日韓人法的地位委員会会議録』によって知ることができる。

第二次会合（五一年一〇月三一日）でなされた日本側の見解は次のとおりである。

「一、平和条約により日本国籍を喪失するがその時まで日本国籍を保有する。

二、但し、ポツダム宣言受諾により韓国が日本領土外となり日本の行政権が波及できず大韓民国がその後樹立されたので事実上の国家となった。

三、故に原則的には終戦前後に在日韓僑の法的地位には変動がないが、外国人に準じた取扱をしていた。例えば韓国人の選挙権及被選挙権を停止し外国人として登録するようにしたが、不動産の取扱と事業活動に関しては日本人と同一に取扱われていた。
四、(身分関係について——略)
五、(海外旅行について——略)」

これに対し韓国側は第三次会合(一一月二日)において「日本側案は国籍問題にのみ局限され、在日僑胞の待遇問題に何等言及がないので待遇問題に関する日本側の意志を聞きたい」と不満をのべ一一月一日に施行されたばかりの出入国管理令について、それをそのまま在日朝鮮人に適用するのかという質問をしている。(入管令制立の事情および問題点については後述する)

韓国側の在日朝鮮人の国籍問題に関する見解は次のとおりである。

「韓人の韓国国籍取得は西紀一九四五年八月九日字で、日籍を離脱した。(平和条約とは無関係)日韓併合条約による日籍取得はポツダム宣言受諾により失効し、西紀一九四八年八月一五日の大韓民国政府樹立と時を同じくして韓籍となり、同年一二月の国籍法施行により国内措置が完了したのである。但し在日韓僑に対してはPERSONAL SOVEREIGNTY(対人主権)が波及できないに過ぎない故に、これは国籍問題ではなく法的地位問題であり、即ち待遇の如何という問題である」

このように日本側は国籍問題に熱心であり韓国側は待遇問題に熱心であった。この交渉の日本側にとってのポイントは、一九五二年四月二八日のサ条約発行までに、韓国政府をして四月二八日の在日朝鮮人の国籍喪失を認めさせること、すなわち、条約発効後に在日朝鮮人が外国人となることを認めさせることであった。この点について、韓国政府外務局発行の『韓日会談略記』では、一九五一年一〇月三〇日から同年末までの二一回の法的地位委員会を次のようにまとめている。

「本来、日本は在日韓僑問題に別に誠意がなかったが、ただ在日韓国人が韓国籍をもつことを韓国側をして確認させ平和条約発効後に彼らを『外国人』として取扱い、一般外国人に加わるすべての制限を、在日韓国人にも加えようとするのであった。これに対し韓国側は、在日韓国人が日本において特殊な地位を占める外国人であることを指摘し、一般外国人よりは、優待をうけねばならないという主張により対抗したのであった。かくのごとき韓国側の主張に対し日本側は『無理な主張である』と内外に宣伝することにより彼らの立場を有利にしようとしたが、我々は『韓国は決してすべての外国人に一般外国人より優越した地位を認定せよというのではない。一九四五年八月九日以後日本に入国した韓国人に対しては、一般外国人待遇を受けるのに何らの異議はない。ただそれより以前より日本に居住する韓国人は現在一般外国人とは異なる特殊な地位をもっていることが事実であるので、その既成事実をそのまま認定せよというのである』と主張して日本側を説服させると同時に、第三者に対しても韓国側の主張が決して正義公平の原則と国際法の原理に違反したものではないことを納得させるのに努力したのであった」

このような韓国政府の立場は、待遇問題に誠意を示さない日本政府に対し「日本敗戦後に、外国人の取扱をすることが韓国人に有利な時には日本人扱をしてきて、講和条約が締結されて日本人と同一待遇をしてくれることが有利になれば、今度は外国人扱をしようというが、何をかいわんやという気分である」という発言まででている（第五次会合一九五一年一一月九日）。

日本国籍喪失の問題について日韓両政府間において前述のようにその時期については見解が分かれるが、在日朝鮮人が日本国籍を喪失するという事実そのものについては双方の意見が一致している。会議において一時、国籍選択の問題が論議されるが、それは日本側のサ条約発効により、日本国籍一律喪失という一貫した強い主張に反論するために、韓国側が外国の例を引きあいに出しながら行なったものであるにすぎない。

日本国籍喪失の時期については比較的早い時期に双方の妥協が成立したようで、『会議録』に一九五一年一一月一三日付の「㊙日韓会議小委員会において両国代表間に見解の一致を見た点について」の中に次のような記事がある。

「大韓民国政府は、日本に在住する韓国人が日本国との平和条約の最初の効力発生の日にいたるまではなお日本国籍を有し、同条約の最初の効力発生の日から厳然に日本国籍を失うとの日本国政府の国内法上の取扱に対し異議を述べないとともに、日本国政府も日本国内に在住する韓国人が一九四八年八月一五日の大韓民国政府樹立と同時に大韓民国の国籍を取得したとの同国政府の見解に対し異議を述べず、両国政府が相互に他の一方の見解を尊重することが、日本国に在住する韓国人の国籍の帰属を明確ならしめ将来におけるこの点に関する両国間の紛争を未然に防止することにおいて望ましい」

この合意書の後も国籍をめぐる論議は第二六次会合（一九五二年一月二九日）まで行なわれるがいずれもこの合意書の線に沿ったもので、論議は協定案文をめぐる字句の修正の範囲にとどまっている。法的地位委員会でその後主に論議されるのは、永住権、強制送還、持ち帰り財産等の問題である。

サ条約発効までの最後の会合にあたる第三六次会合（四月一日）でまとめられた「在日韓国人の国籍及処遇に関する協定案」では国籍について第二条に次のように定められている。

「1、大韓民国は在日韓国人が大韓民国の国民であることを確認する。
2、大韓民国及日本国はこの協定の効力発生の日に至るまでのある期間における韓人及日本人相互に亘る身分関係に関して、ある一方の当時国の法令が適用されることとし、すでに発生した効力を承認する」

法的地位委員会は四月一日の会議をもっておおむね合意が成立するが、一九五一年一月一八日に宣言された李ライン問題および請求権問題が紛糾して、一九五二年二月一五日より始められた第一次日韓会談はサ条約発効前の四月二六日に決裂し、先の法的地位委員会の協定案文も成立しなくなったのである。

三、GHQと日本政府

一九五一年九月八日のサ条約発効後、GHQの指示により日韓政府間の交渉が進められる一方で、日本政府はサ条約発効後をみこして在日朝鮮人に関する法律の制定作業をすすめる。それが出入国管理令であるが、この入管令の制定をめぐってGHQと日本政府の間にトラブルが起こる。すでに述べたようにGHQも日本政府も在日朝鮮人がGHQ占領時代に日本国籍を有するものであるという点では同意見であったが、入管令を在日朝鮮人に適用するか否かについては意見を異にしていた。

当時、在日外国人の出入国及登録に関する法律は一九四七年五月二日に施行された外国人登録令であった。この法律は外国人に適用されるもので、この法律の外国人とは連合国軍関係者および外交官（家族も含む）以外の「日本の国籍を有しないもの」（二条）であったから、このままでは当時日本国籍を有していたとされる在日朝鮮人には外国人登録令が適用できない。そこで加えられたのが、第一一条で、それは「台湾人のうち内務大臣の定めるもの及び朝鮮人は、この勅令の適用については、当分の間これを外国人とみなす」という内容である。

日本政府は入管令についても同趣旨のみなし規定を入れ、在日朝鮮人をその対象としたかったのである。

入管令は一九五一年八月二八日の閣議決定をへて一〇月一日から施行されることになっていた。しかし日本政府の作った入管令案に、先の外国人登録令と同じ極旨のみなし規定があったため、GHQからクレームがついた。GHQは、一九四五年九月二日以前から日本に在住する朝鮮人、台湾人を外国人とみるのは不当であるから修正するようにという指示をした。そのため一〇月一日に施行できず、その後折衝を重ねることとなり、結局みなし規定を除いた入管令が一〇月二日に閣議決定され、一一月一日に施行されるのである。この間の事情は森田芳夫の『在日朝鮮人処遇の推移と現状』に詳しいが、それによるとGHQと日本政府の折衝の内容は次のとおりである。

「もしも、総司令部の主張のごとく戦前から在留する五十万以上の在日朝鮮人が日本人とすれば、（イ）治安上、国外退去強制することが不可能であること。（ロ）現行の外国人登録令が、在日朝鮮人を外国人とみなして違反者の退去強制を承認しているにもかかわらず、また政令改正の途中でなんら問題とせず、いま突如修正を要求してくることは矛盾であると指摘して説得につとめた。その結果、総司令部は『九月二日以前からの在留朝鮮人中、現行登録令違反者を外国人とみなして、国外に退去強制することは、既成事実であるからやむなく承認するが、その他を外国人とみなすことは承認できない。ことに新管理令では、破壊分子、刑法犯罪者、貧困者、精神病者等をも国外に退去強制しうることになっており、退去強制の範囲が現行法より広くなっているから、総司令部従来の方針をかえることはできない。ただし、平和条約批准後、日本政府が在日朝鮮人の身分をその欲するように変更することは、もちろん日本政府の自由であり、総司令部として関与する限りでない』との見解を発表した」(一二四～一二五頁)

また先に紹介した『会議録』の中でも、一九五一年一一月二日の第三次会合で、韓国側兪鎮午代表の「出入国管理令をそのまま在日韓人に適用するのか」という質問に、日本側田中光男代表は次のように考えている。

「出入国管理令は立案時より韓人と台湾人に適用する心算であったが、最後にきて総司令部の指示により除外することになった。実相は、八月二六日の閣議においては、適用するということで総司令部と交渉することとして通過させたものであり、其後月余を総司令部と交渉したが、結局（日韓の）会談の結果をみてみようということで一〇月四日公布した。故に出入国管理令の特例または改正なしに会議において国籍を決定するとおりに適用する予定であったが、韓国側から待遇問題が出されたのでまず韓国側の意見を聞いて研究してみよう（後略）」

意味のとりにくい文であるが、日本政府としては、GHQのクレームにより修正後の入管令（一〇月四日公布、一一月一日施行）を在日朝鮮人に適用できなくなったが、日韓政府間の交渉によりサ条約発効後に在日朝鮮人が外国人となるという事さえ確認できれば、それで目的は達することができると読めるのではないか。

実際、GHQのクレームにより一ヶ月遅れて一一月一日に施行された入管令は、サ条約が発効する翌五二年四月二八日までの六ヶ月の間は在日朝鮮人に適用されず、在日朝鮮人には従来どおり外国人登録令が適用されたのである。しかし、先の森田芳夫の引用にあったようにサ条約発効後は日本政府がどうしようとGHQとしては「関与する限りでない」というお墨付きをもらい、この入管令は後に述べる法律一二六号により法律として追認されて、サ条約発効時に外国人となった在日朝鮮人に適用されることになったのである。

四、日本政府の態度

日本政府はサ条約の調印から発効までの時期には今までみてきたように、占領期終了後に日本政府に行政権がもどされた時に在日朝鮮人に関しては外国人であるとして入管令を適用すること、すなわち最終的には強制退去という切り札を確保することに力を集中していた。

しかし日本政府は、在日朝鮮人の国籍問題に関して、最初からサ条約発効による日本国籍の一斉剥奪を考えていたのではない。少なくとも一九四九年一二月まで在日朝鮮人の国籍は一斉剥奪ではなくて本人の意志による選択というように考えていた。当時の川村外務政務次官は衆議院外務委員会において「大体において本人の希望次第決定されるということになるのではないかという見通しを持っております」と答弁しているのである。(田中宏「不条理な在日朝鮮人政策の出立」『三千里』八号、一九七六年一一月、参照)

ところが先の日韓法的地位委員会の議事録でもみたように、日本政府は一九五一年九月八日のサ条約調印以降は、サ条約発効により一斉剥奪に向けてすすむのである。

入管令は占領下のポツダム政令であって、サ条約発効後にそのままの形で法律として存続しえない。この政令を法律として追認したのが法律一二六号である。この法律は正式名を「ポツダム宣言の受諾に伴い発する命令に関する件に基く外務省関係諸命令の措置に関する法律」といい、サ条約発効の日、一九五二年四月二八日に施行された。

占領時代在日朝鮮人に適用できなかった入管令を法律として追認すれば、サ条約発効後に外国人となった在日朝鮮人に適用することができるのである。

日韓会談はすでに述べたようにサ条約発効までに成立しなかった。それゆえ、条約という形で在日朝鮮人の国籍問題を処理できなかった。しかし、何らかの形で処理しなければならない。そこで出されたのは、法律でも政令でもない先に紹介した一九五二年四月一九日付の法務府民事局長の「日本国籍を喪失する」という通達であった。

サ条約二条ａ項により朝鮮の独立を日本政府が初めて認めたことになるが、サ条約はあくまで条約であって国内法ではない。そこで日本政府は国内法的に何らかの形で在日朝鮮人の国籍問題を処理しなければならない。その国内法的な処理を先に紹介したように、通達という非常に低いレベルの行政措置により行なったのである。

一方、法律一二六号は一九五二年三月一九日に内閣より衆議院に提出され、三月二九日には衆議院を通過する。そして四月三日より二八日まで参議院で審議され、二八日に参議院を通過して成立するのである。

この審議の中でも、法律一二六号が入管令を法律として追認する内容をもつことに関連して、在日朝鮮人に入管令を全面適用するのかという点が問題となり野党側から質問が出される。これに対して「第二四条（退去強制）の適用がこの人たちにあるのかどうかというお尋ねでございますが、これば別に除外しておりませんから、法律的にはあるわけであります。しかし、これを延ばしました特別の措置をここに講じておる趣旨を遵奉いたしまして、第二四条はおそらく運用としては発動しないということになろうかと思います」(一九五二年三月二七日、衆議院外務委員会、鈴木一入管局長)というように答弁しながら追求をかわし、法律一二六号を成立させたのである。

入管令には「外国人は、有効な旅券又は乗員手帳を所持しなければ本邦に入ってはならない」(第三条)とあるようにパスポートをもって入国する外国人を前提として作られている。そして在留する外国人は、例えば留学生とか教師とか技術者とかの在留資格をもたなければならず、それぞれの在留資格には六ヶ月とか一年とかの在留期間が定められている。

戦前から引きつづき在留する朝鮮人およびその子どもは、パスポートをもって入国したのではなく、定められた在留資格と在留期間をもっていない。そもそも在日朝鮮人に入管令を全面適用することは不可能なことであり、そのために設けられたのが次の法律一二六号二条六項の規定である。

「日本国との平和条約の規定に基き同条約の最初の効力発生の日において日本の国籍を離脱する者で、昭和二十年九月二日以前からこの法律施行の日まで引き続き本邦に在留するもの(昭和二十年九月三日からこの法律施行の日までに本邦で出生したその子を含む)は、出入国管理令第二十二条の二第一項の規定にかかわらず、別に法律で定めるところによりその者の在留資格及び在留期間が決定されるまでの間、引き続き在留資格を有することなく本邦に在留することができる」

この規定は、事実上在日朝鮮人に入管令を全面適用することができないことからくる当然の在日朝鮮人に対する適用除外事項なのである。

五、まとめ

以上、一九五一年九月八日のサ条約調印から五二年四月二八日の発効までの期間について、日本政府、韓国政府、ＧＨＱの動きについてみてきた。日本政府の当時の考え方について整理すれば次のようになるのではないかと思う。

日本政府は占領初期より在日朝鮮人を治安対策上の重大な問題としてとらえ、その旨をＧＨＱに進言してきた。（前掲田中宏論文および大沼保昭「出入国管理体制の成立過程」『法律時報』50巻4号より51巻7号参照）ＧＨＱは当初、その重要性をさほど認識してはいなかったが、日本政府の進言、一九四八年の阪神教育闘争等によりその重要性を認識するようになる。

しかし、日本とアメリカではそもそも国籍に対する考え方に違いがあり、それが在日朝鮮人政策にも反映する。国籍について日本は血統主義（属人主義）をとり、日本に生まれる外国人は子々孫々外国人であり、一方のアメリカは生地主義でそれによると日本に生まれた外国人も日本の市民権を得るというのが普通である。また生地主義的な考え方からは長期在留の外国人に対しては市民権を与えるという考え方も起こるが、属人主義的な考え方からは起こらない。

この二つの考え方のため、例えば在日朝鮮人を強制送還することに対してはＧＨＱより異論が出され、先にのべた一九五一年の入管令制定をめぐるトラブルも起こるのである。そもそも生地主義の考え方に立っているアメリカの移民法をモデルにした入管令を日本でつくり、それを在日朝鮮人に適用するということ自体が大問題なのである。

サ条約発効後の日本政府の在日朝鮮人政策の基本は、在日朝鮮人を外国人として定義し、強制退去する権利を留保するということであった。当初、入管令にその旨を明記し、サ条約発効後はそれを法律として追認することによりそれを果たそうとしたが、GHQの反対にあった。そこでサ条約発効まではそれをあきらめ、サ条約発効後にそれを果たすことをねらった。当時すすめられていた日韓政府間の交渉において、日韓政府の合意の下にサ条約発効後、在日朝鮮人を外国人として入管令を適用させるという方針であったが、他の議題の関係で成立しそうになくなった。日本政府としてはサ条約発効時に在日朝鮮人の日本国籍を喪失させ外国人とすれば、それで原則的に入管令の適用を行なえるということで、国内的な措置を民事局長通達という形で終え、唯々、一九五二年四月二八日へ逃げこんだ。そして、先の法律一二六号二条六項の在日朝鮮人に対する入管令の一部適用除外規定の他は在日朝鮮人に入管令を適用させることに成功したのである。

(『在日朝鮮人史研究』第六号、一九八〇年六月)

第3章　サンフランシスコ平和条約と在日朝鮮人――1951・9・8〜52・4・28

入管令改正と在日朝鮮人の在留権

一

去る六月五日（一九八一年）の第九四回国会において、一九五一年一一月に制定された出入国管理令を改正するための二つの法律が成立した。二つの法律とは、「出入国管理令の一部を改正する法律」と「難民の地位に関する条約等への加入に伴う出入国管理令その他関係法律の整備に関する法律」のことである。

この二つの法律は来年（八二年）一月一日より施行され、それにより現行の出入国管理令は「出入国管理及び難民認定法」（「入管法」）となる。

今回の入管令の改正は、戦後の在日朝鮮人の法的地位をめぐる第三番目の大きなエポックと言えるものであろう。第一番目のエポックは一九五二年四月二八日のサンフランシスコ平和条約（以下、「サ条約」）の発効であるが、解放（敗戦）後、ＧＨＱおよび日本政府によって「日本国籍を有する」とされていた在日朝鮮人が、その日を境として「外国人」とされたのである。この第一のエポックの最大の問題点は、本人たちの意思とは無関係に、一片の通達によってそれがなされたということである。

外国人となった在日朝鮮人には、それまで適用されていなかった出入国管理令（一九五一年一一月四日施行）が適用されることとなった。しかし、「本邦に入国し、又は本邦から出国するすべての人の出入国の公正な管理について規定することを目的とする」（第一条）出入国管理令は、特別な歴史的事情をもつ在日朝鮮人にはそのまま適用できないような内容を含んでいる。たとえば出入国管理令第四条によれば、「外国人は……左に掲げる者のいずれか一に該当する者としての在留資格を有しなければ本邦に上陸することができない」ということになっており、具体的な在留資格として外交官、観光客、留学生、宗教活動者などがあげられている。サ条約発効により外国人になっても、すでに「本邦に上陸」している在日朝鮮人を、外交官、留学生、宗教活動者などの在留資格のうちのいずれかにふり分けることなど、とうていできないことである。そこでやむなく定められた規定が、今回の出入国管理令改正でも問題となってくる、いわゆる法律一二六号二条六項の規定である。それは、サ条約の発効により外国人となったもの（朝鮮人および台湾人）は「別に法律で定めるところによりその者の在留資格及び在留期間が決定されるまでの間、引き続き在留資格を有することなく本邦に在留することができる」（傍点―筆者）というものである。

　つまり、サ条約発効の時点で、日本政府は不充分ながらも在日朝鮮人の歴史的事情をやむなく認めたのである。

　第二のエポックは、一九六五年の日韓条約の成立である。日韓会談では在日朝鮮人の法的地位問題も一つの重要な議題として話し合われ、「日本国に居住する大韓民国国民の法的地位及び待遇に関する日本国と大韓民国との間の協定」(「日韓法的地位協定」)が結ばれた。これにより、在日朝鮮人が法的に大きく二分されたことが、第二のエポックなのである。

それまで在日朝鮮人は、外国人登録証の国籍欄に「朝鮮」と書かれている者も「韓国」と書かれている者もあったが、法的には同じ状態であったのである。すなわちいずれにしても、「引き続き在留資格を有することなく本邦に在留することができる」という法律一二六号二条六項の該当者およびその後に生まれた子どもだったわけである(この子どものことが入管令四条一項一六号の二に規定されていることから、便宜的に、四‐一‐一六‐二と呼ばれる)。

この一二六‐二‐六該当者およびその子どもが、日韓法的地位協定によるいわゆる協定永住を申請した者と申請しなかったものに大きく二分されたのである。分断して支配することが施政者の常套手段であるが、日本政府は在日朝鮮人に対し日韓会談のからみでそのことをやってのけたのである。

今回の改正はそれに次ぐ第三番目のエポックともいえるもので、在日朝鮮人の在留資格に関しては、先の日韓法的地位協定による協定永住許可を申請しなかった在日朝鮮人に対し特例的に「一般永住」という在留資格を与えるという内容を含んでいる。

二

今回の入管令改正の背景として二つのことが考えられるが、その一つは日本政府が難民条約を批准することになったことである。近年のインドシナ難民の受け入れ問題を直接の契機として、日本政府としても難民をある程度受け入れざるを得なくなり、そのために国内法を整備する必要が生じたのである。新たな在日外国人として難民を考える時、当然従来の入管令を改めることが必要だし、また、難民に対しては受け入れ国の国民と同じような社会保障を受けることができるようにするという難民条約の精神により、難民に内国民的待遇を保障するような法改正が必要となってくる。そうすれば、他の在日外国人とのバランスの問題から、在日朝鮮人をもこれまで排除してきた、たとえば児童手当の国籍条項、すなわち日本国籍をもつものに限るとしていた法律は改正せざるを得ないのである。

入管令改正のもう一つの背景は、ある意味では難民条約の批准とはかかわりなく、先に述べた法律一二六号該当者、その子どもおよび孫の在留資格について、未確定な点が多く、今の時期になんらかの法的措置をとる必要があったということである。

法律一二六号該当者は先に述べたように一九五二年四月二八日のサ条約発効の時点で、在留資格、在留期間を問わずに在留できると規定されている。その後に生まれた一二六号該当者の子どもについては、在留期間がいちおう三年と定められているものの、「特定在留者」（四‐一‐一六‐二）として当時の外務省令で定められている。しかし、一二六号該当者の孫についての規定は全くないのが実情である。

「特定在留者」の最年長者は一九五二年四月二九日生まれであるから現在（一九八一年）二九

歳である。結婚して子どものいる人もあるはずである。一九八〇年末現在で、特定在留者の子どもすなわち法律一二六号該当者の孫は約三五〇〇人と発表されている。この数は毎年毎年、確実に増加するが、現行法に何らの規定もないため便宜的に特別在留許可（四・一・一六・三）という在留資格を与えられている。この在留資格を得ている在日外国人は一九八〇年五月三〇日現在で、九万四九六三名いるが、内容は実に雑多なもので、日本人の家族である外国人、語学教師、各種学校の生徒から、以前法律一二六号該当者または協定永住者で刑罰法令に違反して退去強制の対象となったが最終的にそれを免れ日本での在留資格を再び獲得したものまで含まれている。また「密入国者」であっても事情により在留が認められた場合も、この特別在留許可という在留資格を得るのである。すなわちこの特別在留許可は、入管令四条の外交官、留学生などの在留資格のどこにも含まれない人を「その他」としてくくったような在留資格ともいえるのである。

約三五〇〇人といわれる法律一二六号該当者の孫も、現在何の規定もないために「その他」の項に入っているのである。これらの人々について現在、運用上は一二六号該当者およびその子どもと同じように扱われているが、法的には在留権がより不安定であることはいなめない。たとえば法律上、一二六号該当者またはその子どもが懲役一年以上の刑を犯せば退去強制の対象となるが、それが三年の刑ぐらいであれば退去されずに最終的に特別在留許可を得ることになるだろう。そうして特別在留許可になった人が再び罪を犯した場合は、実際に退去される可能性も出てくるだろう（後に述べるように私は在日朝鮮人については基本的に退去強制すべきでないと考えている）。ではもともと特別在留である孫の場合はどうかと考えれば、一二六号該当者やその子どものように特別在留というワンクッションがない分だけより不安定であるということも言えるのではないだろうか。

在日朝鮮人が三世、四世と代を重ねるに従って日本との結びつきが強くなり、環境が作用してより「日本人化」されることが考えられるが、逆に在留資格の方が親たちに比べてより一般的な外国人のそれに近くなり、それによってより不安定になるという大きな矛盾が生じてきているのである。このことは当の朝鮮人にとっても日本政府にとっても解決しなければならない問題なのである。

三

「入管令の一部を改正する法律」による改正点については問題点についてのみ指摘したいと思う。

第一は、特例として「羈束的」（裁量の余地がないという意味で、以下「無条件」というように言いかえる）に与えられる永住許可についてである。今回与えられる永住許可はすでに現行の入管令四条に規定されているもので「一般永住」といわれている。これは先にのべた「協定永住」が日韓両国間の取りきめにより特別に規定されたことと異なっている。

今回特例として一般永住が与えられるのは、①法律一二六号該当者、②法律一二六号該当者の子と孫で一九八六年一二月三一日までに生まれたもの、③一九八七年一月一日以後に生まれた法律一二六号該当者の子である。逆に対象外となるのは、一九八七年一月一日以降に生まれた法律一二六号該当者の孫である。現在、法律一二六号該当者の孫の在留資格が未確定でその数がすでに約三五〇〇人にのぼっており、彼らの在留資格はいわば「その他」ともいうべき特別在留許可となっていることはすでに述べたとおりである。彼らのうち一九八六年末までに生まれた者は、親たちと同じように無条件に一般永住が与えられる。しかし、一九八七年一月一日以降に生まれる者については無条件ではない。この点について法務省は、今回の改正で一般永住そのものの取得条件を緩和したので、一般永住の子は親たちと同じように一般永住を取得できると説明している。

しかし、無条件許可と裁量の介入する許可との差は大きいと考えられる。法務省としては子々孫々に無条件に一般永住を与えることはせず、法律一二六号該当者の孫からの一定の裁量の余地を残しておくことが必要であったのであろう。今回の改正についての国会答弁で大鷹入管局長は「今後の朝鮮半島の情勢の推移等を踏まえて、その法的地位の問題に対処したいと思います」と述べているが、未来においてどう「対処」されるのかは問題となるところである。このことは当の朝鮮人からみれば、法務省側に裁量の余地を残したことが不安な要素の一つであることにちがいはない。

特例永住許可についてもう一つ問題となるのは、それが一般永住であることだ。一般永住は永住とはなっているが、入管令四条に定められた在留資格のひとつであることにはちがいない。それ故、他の在留資格と同じように、たとえば一年を越える刑を受けると法律上退去を強制されることになる。これは現在の法律一二六号系統の人にもあてはまることであるが、協定永住のそれが七年であることと比べると大きな差がある。

すでに述べたように法律一二六号は、在日朝鮮人の歴史性（特殊性）を不充分ではあるが表わしたものであるが、それをたとえば退去強制に関して、協定永住なみに七年とするのではなしに一年として、一般の中に解消してしまおうというのである。いま仮に五年の刑を受けた朝鮮人がいたとして、彼が協定永住であれば問題は起こらないが、法律一二六号系統の人であれば退去強制の対象となる。しかし協定永住も法律一二六号も、同じ歴史性をもった朝鮮人を対象としているのであって両者を差別する合理的な根拠がない。彼が法律一二六号であればこのことが問題となり、おそらく裁判においても主要な論点の一つとなるであろう。

つまり在留資格が一般永住に解消され歴史性（特殊性）を否定されればされるほど、在日朝鮮人は一般外国人に近づき不利になるのではないだろうか。いいかえれば、将来において一年以上で退去強制という条項に根拠を与えるのではないか。まして在日朝鮮人は世代が下れば下るほど、傾向としては日本社会の中で「日本人的」になっていくのである。にもかかわらず、逆に在留資格の方は一般外国人的になっていくのである。

四

次の問題点として、刑罰法令違反者の退去強制の問題をとりあげてみたいと思う。

現在、法律一二六号該当者およびその子で一年以上の刑を受けた刑罰法令違反者で、退去強制令書の発付を受けているものが六六名いる。彼らについて、今回の法改正による特例永住許可があたえられるのかどうかという問題があるが、法務省は与えない方針である。法務省入国管理局参事官室「出入国管理令の改正について」(『外人登録』八一年七月)によれば、この点について次のように解説している。

「すでに退去強制令書が発付された者は、その時点において在留が否定され、在留の継続がないので法的要件を欠いており、特例永住の対象とはならない。他方、退去強制手続がとられた者のうち、在留特別許可されたもの(一旦退去強制令書が発付された者であってもその後再審の結果在留特別許可を受けたものを含む)は、在留の継続があると解されるので、特例永住の対象となる」

つまり現在、退去強制令書が発付されている六六名は対象外であるが、すでに特別在留許可を得たものは対象となるのである。私はまず、彼ら六六名も含めて特例永住の対象とされるべきだと考える。

日韓法的地位協定による協定永住のときは、七年以上の刑を受けたものについても申請することができ、また許可されていることと比べると、不公平な扱いである。この点について法務省は「在留」と「居住」を区別して使っている。合法的に滞在することを在留といい、合法・非合法に関係なく単に滞在することを居住といっている。確かに日韓法的地位協定では「日本国に居住する大韓民国国民の法的地位及び待遇に関する日本国と大韓民国との間の協定」というように居住という言葉が使われていた。しかし同じ歴史的経緯をもつ在日朝鮮人に対し、一方で居住するので協定永住を与え、一方で在留していないので与えないというのはおかしなことである。まして協定永住は、今回法律一二六号系統の人に与えられる一般永住に比べて有利になっているのである。

かつて懲役八年の刑を受けた申京煥氏が獄中で協定永住を申請し取得したが、その後七年以上の刑を受けているとして退去強制令書を発付された事件があった。一度許可しておいた後に、七年を越えるとして機械的に令書を発付したことは非道であるが、申京煥氏が一九七八年一二月に最終的に特別在留許可を得るのに際し、協定永住を取得していたことはプラスの要因としてあった。今回、居住と在留を使い分けて仮放免中あるいは大村収容所に収容されている刑罰法令違反者に対し、非合法的に居住しているのであって（合法的に）在留しているのではない、として一般永住を与えないことは不当なことである。

戦前から引き続き在留する在日朝鮮人およびその子孫について、刑罰法令に違反したからといって、はたして退去強制することが妥当なことであるのか。この点について私は、政府には一般的に在日外国人を退去強制する権利があるという前提に立っても、彼ら在日朝鮮人を退去強制することは不当であると考える。改めて言うまでもないが、在日朝鮮人は日本が朝鮮を植民地としてかつて三六年間支配したことによって日本に居住するようになったのである。このことは一般の在日外国人が日本に居住していることと決定的に異なっている。それ故、日本政府に在日外国人を退去強制する権利があるということを認め、たとえば日本で犯罪を犯し刑を受けたアメリカ人が退去強制されることを認めるとしても、在日朝鮮人の退去強制は同じように認めることはできない。

日本は国民の国籍を決定するのに、血統主義を採用していることはよく知られている。血統主義は属人主義とも言われ、国籍を決定する要素は親の国籍であってどこで生まれたかということは関係がない、とする（現在は父系優先で父親の国籍を子が得るが、これが男女平等の考え方からしておかしいと問題になっている）。従って在日朝鮮人は日本で生まれたとしても、帰化という関門を通らなければ日本国籍を取得することはできない。（一九八五年一月に前年の国連女性差別撤廃条約批准を受けて父母両系主義に改正された）

しかし国籍に対する考え方として、血統主義（属人主義）がすべてではない。親の国籍によって子どもの国籍を決めずに、どこで生まれたかによって国籍を決める生地主義（属地主義）という考え方もあり、実際にヨーロッパの多くの国やアメリカで生地主義が採用されている。血統主義的に考えれば民族と国籍が近い概念であるが、生地主義的に考えればそれが遠い概念となるということも言える。

そこで在日朝鮮人について考えれば、子々孫々の在日朝鮮人が外国人としての国籍をもつということが必ずしも普遍的な考え方ではないということも言える（私は何もここで、在日朝鮮人が日本国籍を取得すべきだと主張しているのではなくて、在日朝鮮人の在留権の問題についてその権利性を広い視野からうらづけ豊富なものにしていくためにも、また日本人の国籍あるいは外国人に対する偏狭な考え方に対する発想の転換をはかるためにも、このようなことを述べているのである）。

たとえば生地主義を採用するアメリカに移民した日本人の子孫は、血統的には日本人であっても、国籍はアメリカである。するとアメリカ政府がアメリカ人を退去強制することなどできないので、日系アメリカ人がアメリカで犯罪を犯しても、それによって日本へ退去強制されるということはありえない。もちろん朝鮮系アメリカ人の場合も同じである。このようなことを考えれば、日本に生まれ育った朝鮮人が刑罰法令違反者として退去強制されるというのは、日本という血統主義の国に生まれたが故の不幸であるとも言える。

今回の改正の後も基本的な性格の変わらない現行の入管令は、アメリカの移民法をモデルに作られたものであるが、生地主義的な考え方をもつ国の移民法をモデルに、血統主義的な考え方を、もつ国の入管令を作ったということになる。すると、もし退去強制の条項に同じような刑罰法令違反者に対するそれが規定されていたとしても、実際には大きな差があることになる。血統主義も生地主義もそれぞれに歴史的な背景があり、一概にどちらが良いということも言えない。また、それぞれが長所と短所をもっている。しかし普遍的な基本的人権の観点より見た時、ある人間が血統主義の国に生まれたが故に、不利益を蒙るというようなことがあってはならない。血統主義故に不利益を蒙ることがあれば、それを補うような法的措置を講じなければならないし、それは生地主義についても同じことである。まして在日朝鮮人の世代交替が進行し、日本における生活基盤がますます強くなっていくという現実をみるなら、なおさらそれは必要なことである。

このようなことを考えると、在日朝鮮人の強制送還が不当であるというのは、彼らの在日に至る歴史的経緯の故に不当であるというのにとどまらず、基本的な人権の問題としても不当であるということができる。

残念ながら今回の入管令改正においては、このようなことが考慮されずに、先にのべたように現在仮放免中であったり、あるいは大村収容所に収容されている刑罰法令違反者については切り捨てられる形となってしまった。しかし法務省においても、刑罰法令違反者の退去強制問題について人道的な立場から検討がなされていると聞く。本年（一九八一年）七月一九日の『神奈川新聞』は、「在日朝鮮人など外国人／強制退去見直しへ／法務省、人道的立場を考慮」という見出しでこのことを報じ、伊藤卓蔵法務省大臣官房審議官の次のような談話を載せている。

「懸案の難民条約と入管令の一部改正案が可決したことで、在日朝鮮人の強制退去問題についても何らかの措置が必要ではないかということになった。従来は刑事罰と行政罰（退去強制のこと――筆者）は別のものという考えが強かったが、社会一般の認識も大きく変わっていることでもあり、この際、思い切って見直そうということだ。問題は現在服役中の者との関連で、刑余者全員に特別在留許可を与えることになると法そのものが空文に帰してしまう恐れもあり、どこで一線を引くかが難しい。『強制退去全面廃止』については、そこまでは割り切れないという（省内の）空気が強い。いずれにしても結論がでるまでの間は強制退去の執行はなく一時凍結になる」

法務省内の検討は今秋にも結論が出るものと思われるが、私はこれまで述べてきたような観点から、刑罰法令違反者の全員に特別在留許可が与えられることを望みたい。来年（一九八二年）一月一日から発効する新しい入管法では、五年間の間に特例永住許可を申請することになっているが、刑罰法令違反者でいったん退去強制令書が発付された人でも五年間の間に特別在留許可を得れば、特例永住許可を申請できることになる。法務省は前向きに検討をすすめ、現在大村収容所に収容されている人も含めて一般永住への道を開き、将来において在日朝鮮人が退去強制されることがないような方向にもっていっていただきたい。

五

今回の入管令改正について指摘しなければならない問題は他にもあるが、最後に法律一二六号該当者および協定永住者の三代目以降の問題について述べてみたい。今回の特例永住許可によって、在日朝鮮人の在留問題については解決したという見方もあるが、私はそうではないと思う。

法律一二六号該当者の三代目については、すでに述べたように特例永住許可の申請期間（五年間）後、すなわち一九八七年一月一日以降生まれた人は、無条件ではないもののいちおう一般永住が与えられる。では、今回の特例永住の対象となっていない協定永住についてはどうか。日韓法的地位協定でも二代目までは協定永住を申請できるが、三代目については規定がない。三代目以降のことについては協定二条に「大韓民国政府の要請があれば、この協定の効力発生の日（一九七一年一月一七日―筆者）から二五年を経過するまでは協議を行なうことに同意する」と規定されているだけである。この協定永住三代目はいつごろ生まれるのかを考えると、一九七一年一月一七日以降生まれた人が二代目であるから、二五歳で子どもができるとして一九九六年頃には生まれるはずである。これはそう遠いことではなくて、あと一五年先のことなのである。この間、韓国政府からの要請がなく日韓両政府間で協議されることがなかったら、どうなるのだろうか。おそらく今回の改正によって緩和された一般永住が、法律一二六号該当者の三代目と同じように与えられることになるのではないかと思う。もしこうなれば協定永住の子が一般永住になったことになり、大変な後退である。協定永住の三代目は、少なくとも一般永住になるが、このことは不利なことであり、それまでになんとかしなくてはならない問題である。

法律一二六号系統の在日朝鮮人が一般永住になることに対しての危惧はすでに述べたが、協定永住者の三代目が一般永住になるとすれば、まさに在日朝鮮人の在留資格を一般外国人なみの一般永住の中に解消してしまうことになる。戦後の日本政府の在日朝鮮人政策が在留資格においても分断することを狙い、一方で協定永住を設けて大きく二分させ、また法律一二六号系統に対しては親、子、孫の在留資格を複雑に分け、在日朝鮮人の等質性を損う方向をとってきた。そして今度は今回の改正を通して、歴史性を否定して一般の中に解消し、その上で近い将来に一般永住という等質性をもった在日朝鮮人を作ろうとしているのではないかとも考えられる。

法律一二六号三代目が、無条件ではなく法務大臣の裁量によって一般永住が与えられることになるとき（一九八七年一月以降）、協定永住者三代目の在留資格について日韓両政府が話しあうことのできるとき（一九九六年一月一六日まで）――この時期を前後して実際に協定永住の三代目が生まれる――をみこして在日朝鮮人の在留問題について、本来あるべき安定した在留を目標とした、広範な論議が展開される必要がある。

（『季刊三千里』二八号、一九八一年一一月）

在日朝鮮人と指紋——押なつ制度の導入をめぐって

在日外国人の「公正な管理に資することを目的とする」外国人登録法に、指紋押なつの制度がある。指紋といえばすぐ犯罪が連想されるが、外国人登録法一四条には、一六歳以上の在日外国人で一年以上在留する者は、「指紋を押さなければならない」と定められている。そして同法一八条では、「指紋押なつをせず、又はこれを妨げた者」は、「一年以上の懲役若しくは禁錮又は二〇万円以下の罰金に処する」とされている。（※本論文は一九八三年のもの。いわゆるオールドカマーと言われる在日朝鮮人は一九九三年一月より指紋押なつの必要がなくなっている）

この指紋押なつは、それをしなければならない在日外国人にとって屈辱的なことである。それも一六歳以降に一度だけ押すのではなく、五年ごとの切替、あるいは再交付などのときにも、押さなければならないのである。押す指紋は回転指紋といって、インクをつけた左手ひとさし指をつめの部分を除いて回転させて押すのである。よく印鑑を忘れたときに、印鑑がわりに指先に朱肉をつけてチョコンと押すものとは違うのである。

この指紋押なつ制度は、一九五五年の導入当時より反対の強いものであり、最近、在日朝鮮人をはじめとして三二人の指紋押なつ拒否者が出ている。彼らは、この制度が人権を侵害するものであり、不快なものであると言っている。また、いくつかの地方自治体からも指紋押なつ制度廃止の要望が上がっているが、法務省はかたくなに拒んでいる。

法務省入管局は、指紋押なつ制度が、「外国人登録証明書の不正発給、不正入手を防止するための有効かつ唯一のものであると同時に、同一性を証明するという意味において、外国人の利益、正当性を確保する働きも持っている」（『出入国管理の回顧と展望』一九八〇年版、八九頁）という。「唯一のもの」であれば、指紋押なつ制度を採用していない国のあることがおかしいし、「外国人の利益、正当性を確保する」ためのものなら、当の外国人がいやだといっているものは廃止すればいいのである。

戦後の外国人登録制度の出発

指紋押なつ制度は、戦後の外国人登録制度ができると同時に実施されたものではない。戦後一〇年が経過した一九五五年に実施されたものである。

戦後の本格的な外国人登録制度は、一九四七年五月二日に公布・施行された外国人登録令による。同年五月三日、すなわち一日後に明治憲法にかわって日本国憲法が施行されたわけであるから、外国人登録令は明治憲法に基づき天皇が発する最後の勅令といえるものである。

この外国人登録令は、現在の外国人登録法と入管法を内容的に合わせたようなもので、全一七条と附則よりなっている。指紋押なつ制度はなかったが、外国人登録証の常時携帯義務をも含む外国人登録に関する諸規定の他に、退去強制についても定められている。

在日朝鮮人はサンフランシスコ講和条約の発効（一九五二年四月二八日）までは「日本国籍を有する」とされていたので、本来であればこの外国人登録令の対象とならなかった。しかし、同令一一条の、「朝鮮人は、この勅令の適用については、当分の間、これを外国人とみなす」という規定により、当時、日本国籍を有していた朝鮮人も外国人として取り扱われることとなった。

当初、二ヶ月の準備期間をおいたのち、七月末までに登録させる予定であったが、「戦前の外国人管理のように防諜とか外事警察的色彩を帯びないものであったが、当時解放民族意識の軒昂たる一部の朝鮮人はこの登録に反対したため、とくに第一線の登録事務にたづさわる者は非常になやまされた」（『出入国管理とその実態』一九六四年版、一七頁）のであった。在日朝鮮人の反対運動の中で、「日本政府は七月二七日、全国情況を判断した結果、八月三一日まで申請期間を延長すること」（篠崎平治『在日朝鮮人運動』一三七頁）にしたが、登録は順調に進まず、結局一〇月末日頃になっておおむね完了したのである。

この外国人登録令による外国人登録証は、四ページの簡単なもので、写真は貼られていたが指紋はなかった。また、用紙も全国統一のものでなく、都道府県単位で印刷されていたという。これらの事情により、二重登録や幽霊登録も多かったが、当時は外国人登録証により配給がなされていたので特にそのようなことになったと考えられる。そのため、その後、配給に関しては、一九四九年二月一五日に、登録証明書と主要食糧購入通帳との照合を済ませてないものについては、同年三月二〇日限りで主要食糧の配給を停止するという旨の通ちょうを出している（『在日朝鮮人管理重要文書集』一七一頁)。

外国人登録令による外国人登録証には、当初は有効期限がなかったが、一九四九年一二月三日、有効期限を三年と定めるなどの「外国人登録令の一部を改正する政令」が公布され、翌一九五〇年一月一六日から施行された。

これにより、一月一六日から同月三一日の間に第一次の一斉切替が行なわれる。在日朝鮮人の反対運動も行なわれたが、前年の九月八日に朝鮮人連盟が団体等規制令により解散させられていた時期であり、充分な反対運動は展開されなかった。

この外国人登録令に指紋に関する規定はなかったが、この時期に日本政府の側が指紋について全く考えなかったわけではない。

一九四九年九月一二日に東海北陸連絡調整事務局局長・宮崎章より、当時の外務大臣・吉田茂宛に出された「外国人登録令に関する件」と題する質問書の中に、次のような一文がある。

東海北陸地方民事部法務課長サリヴァン氏はかねてから外国人登録法《ママ》に規定されている登録事項の中指紋が入っていないが写真等では充分アンデンティフィケイションができない(現に登録証明書の写真をすりかえ転売が行なわれている由)から指紋を加えることにより密入国、幽霊人口、不正受配、脱税、犯罪等を防止したいと考え六ヶ月前にもその旨を上級機関に上申したが今般当地に着任後本官に対し登録事項に指紋を加えることは地方自治体の条例で規定し得るか否か調査方依頼した。これが立法化に当って起る反対についてはサ氏は充分承知しているが指紋が最良唯一の取締手段であるとの確信を持って居り県民事部廃止前に実現させたいと望んでいる。

この質問書を受けた外務省が、同月一六日付で法務府法制意見長官宛に同趣旨の質問書を出した。その質問書の最後に、法務府民事局第六課の意見として、指紋を追加することについて立法的には簡単にできるが、「政策的に見て（イ）指紋が我国においては未だ犯罪捜査以外には余り一般的に使用される段階にない事（ロ）特に本件外人登録は在日朝鮮人を主として目的とする関係上他の一般日本人に対してなされていない事をこれら特定人に強制する結果となり面白からぬ結果を惹起するのではないかとの意見である」と書かれている。

結局、この質問については同年一一月一五日付で法制意見第一局長・岡崎恕一より、「外国人が本邦入国に際して申請すべき登録事項としてあらたに指紋を追加することは、外国人登録令施行規則の改正によるべきであって、地方公共団体の条例によって定めることはできない」という回答が出されている（『法務総裁意見年報』一九四九年度版、三四五〜三五三頁）。

外国人登録令の時期に、指紋押なつ制度を導入できなかったけれども、少なくとも一部の地域からその要求が出されていたということができる。

一九五一年一一月一日には出入国管理令が施行される。この出入国管理令においても日本政府は、外国人登録令と同様に朝鮮人を「外国人とみなす」という規定を入れたかったが、GHQの反対により果たせなかった（拙稿「サンフランシスコ平和条約と在日朝鮮人」『在日朝鮮人史研究』六号参照、本書第3章に収録）。

それ故、一九五一年一一月一日から翌五二年四月二八日（サ条約発効日）までの期間は、「朝鮮人及び台湾人を除く一般外国人の出入国については出入国管理令の適用をうけることになったので、従来の外国人登録令は一般外国人に関しては登録関係のみの規定となり、外国人と見做《みな》されている朝鮮人及び台湾人は従来通りという複雑なものとなった」（前掲『在日朝鮮人運動』一三五頁）のである。

外国人登録法の制定

一九五二年四月二八日のサンフランシスコ講和条約により、太平洋戦争が法的に終結したとされている。そして、それにより正式に植民地朝鮮を放棄したことになるので、在日朝鮮人は一律に日本国籍を喪失したと日本政府は解釈している。勝手な解釈であり、どうしても納得できないが、ともあれ、この四月二八日に、法的に大きなことが起こっている。一つは出入国管理令が法律として追認されたことであり、二つは外国人登録令が廃止されたことであり、三つは外国人登録法が施行されたことである。

出入国管理令は本来、GHQ占領下においてのみ有効なポツダム政令であり、そのままでは講和条約発効後に法律としての効力を発しないのである。そこで「ポツダム宣言の受諾に伴い発する命令に関する件に基く外務省関係諸命令の措置に関する法律」（法律一二六号）の四条に、「（出入国管理令は）法律としての効力を有するものとする」と定めたのである。

外国人登録法は、「本邦に在留する外国人の登録を実施することによって外国人の居住関係及び身分関係を明確ならしめ、もって在留外国人の公正な管理に資することを目的」（一条）としたものである。全二〇条と附則よりなり、外国人登録令はこの附則によって廃止された。

当時の外国人登録法によれば、日本に在留する外国人は六〇日以内に、出生の場合は三〇日以内に外国人登録をしなければならないことになっており（三条、現在はそれぞれ九〇日および六〇日以内）、具体的には氏名、住所、生年月日、国籍、職業、旅券番号、在留資格、在留期間などを申請し、市（区）町村においては、それらのことを記載した「登録原票」を備えるとともに、それらを記入した外国人登録証明書を交付するのである（四条、五条）。また登録証明書は有効期限が二年と決められていたので、二年ごとに更新しなければならなかった（一一条、現在は五年）。いずれの場合でも登録証明書を交付するときに、一四歳以上の外国人に対しては原則として左手ひとさし指の指紋を登録証明書等に押なつをさせるのである（一四条、現在は一六歳以上で一年以上在留の者のみ）。

指紋押なつの実施

指紋押なつは、一九五二年四月二八日の外国人登録法の施行の日からすぐに実施されたわけではない。同法の附則により、指紋押なつおよびその罰則については、「この法律の施行の日から一年以内において政令で定める日から施行する」ということになった。つまり、一九五三年四月二七日までに指紋押なつを実施するというのである。

外国人登録法による一斉切替が、一九五二年九月二九日より一〇月二八日の間に行なわれることになるが、これに対しても外国人登録令の場合と同じように朝鮮人の反対運動が起こった。「切替申請については、或る種在留外国人側の猛烈な反対が予想されたので事前に充分本法の精神を諒解せしめ、その協力を得る必要上周知宣伝の徹底を計るとともに、取締関係官庁との連絡を密にする」(『法務年鑑』一九五二年版、四一一～四一二頁)ことが、日本政府にとって必要だったのである。

また同年八月七日には、このような反対運動の影響で、全国知事会議が「外国人登録法の取扱について」という決議を行ない、その中で切替実施と指紋実施の延長を要望している(森田芳夫『在日朝鮮人処遇の推移と現状』一八六頁)。

指紋制度については「一年以内」の一九五三年四月二七日までの実施が不可能となり、まず、三月二六日に、六月一日までの延長をした。次に、五月三〇日に「二年以内」、すなわち一九五四年四月二七日までに延期され、一九五四年四月二〇日には「三年以内」、すなわち一九五五年四月二七日までに延期された。

この間の事情について、『外事警察五十講（上）朝鮮篇』には次のように書かれている（一八一頁）。

登録法に新たに規定された指紋押なつ制度は、事の性質上準備期間を置くことが必要であるとして、特に本法施行の日から一年以内に政令で定める旨を規定していたが、翌昭和二八年（一九五三年）には指紋登録に対する一部外国人の誤解が払拭されず、且つ、その施行を強行するときは、当時好転を期待された、日韓両国の国交調整にも、無用の障害を与える虞があるとして、更に猶予期間を延長し、昭和二九年（一九五四年）には国家財政上の理由から実施を見合せることとなり三年以内と再度に亙って延引した。この理由は、いわば当局が当時の活発な在日朝鮮人の激しい抵抗を怖れたからに外ならない。

「三年以内」、すなわち一九五五年四月二七日までに指紋に関する政令を定めることになり、同年三月五日、「外国人登録の指紋に関する政令」が公布された。この政令と同時に「外国人登録指紋押なつ規則」も公布され、いずれも同年四月二七日に施行された。

当時、この政令を起草した法務省入国管理局登録管理官室法務事務官の飛鋪宏平は、本音をのぞかせながら、「私がこの政令案の起草に当った当時、一般の予想では、外国人の反対運動なしに指紋押捺制度が実施できるとは考えられていなかった。ただ、昭和三〇年（一九五五年）という、切替のない時期を選んで、反対運動の機会を彼等に与えずにこれを実施することが私共の秘策であった。かくすることにより、昭和三一年（一九五六年）の大量切替を迎えても、すでに指紋押捺の実績がある以上、今さら反対運動の口実とはなり得ないであろう、との予測を樹てたわけである」（『外人登録』二三・二四合併号）と書いている。

現在（一九八三年）、外国人登録証の有効期限は五年であるが、外国人登録法が一九五二年四月二八日に施行して以降は、一九五六年八月一日までは二年間、一九八二年一〇月一日までは三年間と定められていた。先に述べたように外国人登録法による最初の一斉切替が一九五二年九月二九日～一〇月二八日であるから、前後に日数の幅が多少広がるにしても、二回目の一斉切替は二年後（一九五四年）の同期間、三回目の一斉切替はその二年後（一九五六年）の同期間となるのである。飛鋪宏平の一文は、この一斉切替のない年、一九五五年を指紋制度導入の時期として巧みに利用したということである。

一九五四年の一斉切替に際して法務省は、「一部外国人からの妨害又は反対運動が予想されないこともないので……、最高検、警察庁との連格を密にし、その協力を求め、又反対運動の徴候があるときは、直ちに万全の対策を講ずること」（『外国人登録事務取扱要領・外国人登録証明書切替措置要領』一九五四年六月、一一七頁）として、一斉切替を推し進めた。この時、民戦（在日朝鮮統一民主戦線）は指紋押なつ反対などを掲げて闘ったが、日本政府は一九五四年の一斉切替をやりすごした後、翌一九五五年四月二七日に指紋押なつ制度を導入したのである。

「外国人登録法の指紋に関する政令」では、登録証を紛失して再交付を受けたときと、切替時に旧登録証を返納しないときに十指指紋を押す以外は、一指指紋を押すことになっていた（一九七一年五月七日、政令一四四号によりそれ以降は十指指紋は廃止された）。このことに対して警察庁より一指指紋だけでは不充分であるとクレームがついたり、一方、一指指紋であっても実施が困難であるという地方自治体の声があがったりしたようである。

当時の法務省入国管理局登録課長・豊島中が次のような文を書いている。

「指紋といえば、我々の常識では当然十指指紋ということになるのであって、一指指紋などというものは、所謂拇印の様なもので押捺は極めて簡単ではあるが、果して外国人登録法の目的とする個人差の鑑別に役立つものであるか、否か、甚だ疑問であり、当面の責任者として、私も種々研究して見たが、ずぶの素人である私としては如何にしても決し兼ねていたところ、ふとした機会に法務省におけるこの道の専門家であり斯界の権威者でもある久保田技官から、『一指でも三千数百種に分類することができる』ということを聞いたので、一指指紋なら拇印のようなものであるから――といっても、二七年（一九五二年）の一斉切替の際の困難な事情を承知しており、市町村の方々にとっては非常な御苦労をかけることにはなるが、――原則として一指指紋制度を採用することに内定した次第である。ところが当時の国警の鑑識課長からは、『我々の経験上、一指指紋は鑑識に適さないことが明らかであるから、外国人登録法上の目的に対して、全く役に立たない』といって猛烈な反対を食うし、また外国人、特に朝鮮人の最も多数居住している大阪府の当時の外務課長は、『一指指紋と雖も市町村としては、これを実施することは全く不可能であるから、絶対に反対である』と強硬な反対論を打たれるというようなことで、流石の私も全く閉口して仕舞ったようなことであった」(『外人登録』創刊号、一二頁)。

指紋押なつ拒否をめぐって

以上のように、指紋押なつ制度は一斉切替のない一九五五年四月二七日より実施された。翌一九五六年の一斉切替のときには朝鮮総連が、「指紋登録の中止を求める要望書」などを出し運動を行なったが、すでにこの一斉切替の時までに、例えば一四歳をすぎた者とか紛失して再交付を受けた者とかから指紋をとっており、飛鋪が言ったように、既成事実ができていたのである。

当局側の、一斉切替の時期をはずして指紋押なつ制度を導入するという方法は、成功したということができる。しかし、指紋押なつに関しては、当時においても組織的とはいえないが、拒否する動きがあった。当局側の資料に次のような記事を見ることができる。

「病気や身体の故障のためにいまだ押なつをしていないものが、五八八〇人おり、指紋押なつを意識的に拒否したものが二六三人（中国人二人、無国籍一人のほかはすべて朝鮮人）いたが、その後これらの大部分は押なつをすませて、三三年（一九五八年）一二月末現在の拒否者は朝鮮人一二人だけであり、それもほとんど所在不明者である」（『出入国管理白書』一九五九年版、七〇頁）。

「（一九六三年九月末までに）いまだ押なつをしていない者が七八八八人おり、押なつを意識的に拒否した者は六人（朝鮮人五人、アメリカ一人）だけであり、それも現在はほとんど所在不明である」（『出入国管理とその実態』一九六四年版、八一頁）。

「（一九五六年の一斉切替のときに）約三五万の指紋押捺義務者に対し、僅かに二百数十名の押捺拒否者を出したに過ぎず、しかも、その押捺拒否者の大部分は、後日押捺したというような、予想以上の極めて好成績を以て指紋を伴う大量切替を完了した……」（『外人登録』創刊号、一三頁）。

また坪井豊吉『在日朝鮮人運動の概況』（一八頁）には、一九五七年六月末現在で三九人の拒否者があるとあり、『外人登録』四七・四八合併号（三七〜三八頁）には、一九六一年三月末現在の指紋拒否者の数字として、福岡県五人、大阪府、北海道各三人、福井県二人、群馬県、東京都、岐阜県、愛知県、滋賀県、奈良県、岡山県各一人の計二〇人があげられている。

これらの拒否者の具体的な状況についてはわからないが、当時の拒否者に対する取り扱いについては、法務省の入国管理局の『外国人登録事務執務提要』（一九五六年八月）によると次のようになっている（三二〇頁）。

すなわち、①登録証明書は指紋を押さずに交付するが、ただちに警察に告発し、それと同時に報告書を作成して、都道府県知事および法務省に送付する、②登録証明書の「指紋事項欄」にその旨を記載し、原票の写真には押なつするまで浮出プレスは押さない、③原票に「押なつ拒否により○○警察署に告発」のように朱書きする――と対処するのである。

当時、告発され裁判になった例もあると思われるが、一九五六年一一月に下関市で拒否した安商道氏の判例だけ『外人登録』一一一号（三七～三九頁）にみることができる。安氏は窓口において押なつの理由を問いただしたが、何ら説明がなかったため押なつせず、後日、押なつしたのであるが、裁判では、後日に押なつしても不押なつ罪は成立するという判決が出されている。

現在の指紋押なつ拒否者に対する窓口の対応も、当時とほとんど同じで、ただ、写真の浮出プレスそのものがなくなったことと、「○○警察署に告発」ということを登録原票には記入するが登録証明書には記入しない、と指導されている点が異なるぐらいである（『外国人登録事務取扱要領・協定永住事務取扱要領』一九七七年八月、一〇四頁）

以上、主に当局側の資料により外国人登録における指紋押なつ制度導入の問題をみてきたが、それはまさに在日朝鮮人を治安の対象として管理するために導入されたものであった。日本政府は現在（一九八三年）においてもこの制度を改めようとはせず、逆に、去る五月一四日には北九州で指紋押なつを拒否して闘っている崔昌華牧師を告発し、また七月五日には、同じく闘っている金明観氏を逮捕するということまで行なっている。

近年、警察庁において指紋のコンピュータ化が進められ、昨年（一九八二年）一〇月からは「指紋自動識別システム」が導入された。一指あたり一・五秒で登録することが可能となり、その探索は一・三ミリ秒でできるという（『警察学論集』一九八三年四月号）。権力の民衆支配にとって指紋は重要なものであり、在日朝鮮人の指紋をおさえているという「既得権」を権力側は放棄しないであろう。日本人に強行できないでいる国民総背番号制が、外国人登録によって在日朝鮮人にはすでに実施されているように、指紋押なつの問題は日本人の問題でもある。

（『季刊三千里』三五号、一九八三年八月）

GHQ占領下の在日朝鮮人の強制送還

一九四五年八月一五日、日本は戦争に敗れ、朝鮮は解放された。その当時、三六年にわたる植民地支配の結果、日本に存在した二〇〇万人をこえた在日朝鮮人の多くは、朝鮮に引き揚げたが、なお多くの朝鮮人が日本に在留することとなった。

日本は敗戦後、一九五二年四月二八日のサンフランシスコ講和条約発効まで約七年間、GHQの占領下におかれることになったが、この間、在日朝鮮人はGHQおよび日本政府によって、不当な扱いを受けた。本来、在日朝詳人は、日本の敗戦によって解放された人々であって、GHQも敗戦国民（日本人）と区別した取り扱いをしなければならなかったのである。にもかかわらず在日朝鮮人はGHQの占領下において、日本人と扱われた方が有利なときには外国人とされ、逆に外国人と扱われた方が有利なときには日本人とされたのである。この不当な扱いを象徴するのが、一九四五年一一月一日に出された次のような「基本的指令」である。

「……朝鮮人を解放人民として処遇すべきである。かれらは、この指令に使用されている『日本人』という用語には含まれない。しかし、かれらは、いまもひきつづき日本国民であるから、必要な場合には、敵国人として処遇されてよい」

解放新聞

帝國主義者의陰謀如實

地域別로行動隊組織

日本各界의反響

「解放新聞」1950年4月1日

GHQは、在日朝鮮人は「いまもひきつづき日本国民である」と言っているが、当時、日本政府も日本の最高裁も占領下の在日朝鮮人が「日本国籍を有する者」と定めていた。すなわち、講和条約によって法的に戦争が終了するまでの間（GHQ占領期）は、いまだ戦争状態が続いているとの考え方のもとに、在日朝鮮人は日本国民であるというのである。

これは硬直した納得のいかない考え方であるが、在日朝鮮人が占領下で日本国民であるとの前提に立つＧＨＱないし日本政府によって、この時期に「日本国籍を有する」在日朝鮮人が日本から強制送還されることは全く理屈の通らないことである。

外国人登録令の公布

ＧＨＱ占領期の国境管理は、もちろんＧＨＱによってなされたのであるが、朝鮮におけるコレラ流行に対応して、一九四六年六月一二日に出された「日本への不法入国の抑制に関する覚書」以降、徐々に日本政府にその権限が移されていく。

翌一九四七年二月五日には、「解放国民等の強制送還に関する内務省公安第一課長通牒」が出されるが、そのまえがきに「朝鮮人、台湾人、琉球人並に中国人其他の密入国者、連合軍指令又は軍事裁判による追放者等の強制送還は従来関係方面の打合せにより、適宜実施して来たのであるが……」とある。おそらく、すでにこの時期までに相当数の強制送還がなされていたと考えられる。先の「覚書」により密入国朝鮮人の護送は日本警察がすることになっていたが、この「通牒」により軍事裁判による追放者の強制送還も日本警察（内務省）がすることになったのである。

そして同年五月二日には「外国人登録令」が最後の勅令（天皇の命令）として公布されたのである。この「外国人登録令」は、現在の外国人登録法と入管法を合わせたようなもので、①入国のためにはＧＨＱの許可が必要、②登録の実施、③強制送還等を内容としていた。「外国人登録令」が、当時、日本国籍を持っていた在日朝鮮人に適用されるかどうかは問題となるところであるが、その第一一条に「台湾人のうち外務大臣の定めるもの及び朝鮮人は、この勅令の適用については、当分の間、これを外国人とみなす」という規定を入れ、日本国籍を持っていたとされる在日朝鮮人にも適用できるようにしたのである。

外国人登録令により強制送還の対象となるのは、不法入国者および禁錮以上の外国人登録令違反者である。それ以前においても不法入国者についてはＧＨＱの覚書により送還されていたが、外国人登録令に「みなし規定」を入れることにより、日本国籍をもって日本に在留する朝鮮人を、外国人登録令に違反すれば「合法的」に強制送還することができるようになったのである。実際の運用がどのようなものであったかが気になるが、高橋一郎法務府検務局長から検事長および検事正への通牒に次のようなことも書かれている。

「検察官は、起訴した事件については原則として体刑を求刑すべきであるが、常に裁判所と緊密に連絡し、刑の執行猶予又は『罰金』の言渡があった場合においても、その判決の確定を待たず釈放と同時に退去強制令書の執行に移り得るよう万全を期すること」（最高裁判所事務局渉外課出入国関係法令集』一九五〇年一二月、二四四頁）。

外国人登録令違反によって強制送還された在日朝鮮人の実数については正確なことがわからないが、さしあたり最高裁判所発行の『外国人に関する犯罪統計（昭和二四〜二六年）』より外国人登録令違反の第一審判決について整理すれば、表1になる。これらの人々がすべて強制送還されたわけではないだろうが、違反者として有罪判決を受けた在日朝鮮人の数は相当なものである。一九七〇年末に原爆症治療を要求して密入国してきた孫振斗さんも当時、外国人登録令違反により強制送還されているが、彼は外国人登録を申請しなければならなかったことさえ知らなかったという。

日本政府とGHQ

日本政府は、その後も、「外国人登録令」を「改正」して、より取り締まり的性格の強いものにしようと努力した。一九四八年四月二一日付GHQ民政局の「忘備録」にある「外国人登録令草案」によれば、強制送還に関する一二条に、「裁判所が違反者に対し……刑の言い渡しをするときは、同時に、その者を本邦から追放する旨宣告しなければならない」という文言が加わっている（大沼保昭「出入国管理法制の成立過程」『法律時報』五〇巻四号より五一巻七号、以下、GHQ関係文書はこれによる）。

一九四八年といえば四月に阪神教育闘争が闘われた年であるが、同年五月六日付で在日朝鮮人の地位に関してGHQの政治顧問が送った「書簡」では、阪神教育闘争について「共産主義者が、特に、これらの暴動の煽動並びに指導の面で関与したことは明白……」としながら、「最近の騒ぎにより、本司令部では、強制送還が在日朝鮮人問題の唯一の解決であるという考えが、非公式に再び出てきております」と書かれている。しかし、ＧＨＱ自体が在日朝鮮人を強制送還すべきであると考えていたのではないようで、むしろ、日本政府の側がそのことをＧＨＱに対して力説していたのである。

当時の吉田首相からマッカーサーへの書信には「朝鮮人のなかで犯罪分子は大きな割合を占めております。彼らは、日本の経済法令の常習的違反者であります。かれらの多くは共産主義者並びにそのシンパで、最も悪辣な種類の政治犯罪を犯す傾向が強く、常時七千名以上が獄中にいるという状態であります」などと書きながら、「原則として、すべての朝鮮人を日本政府の費用で本国に送還すべきである」としている（一九四九年九月九日付、ＧＨＱ外交局のマッカーサー宛書信に収録されている）。

これに対してＧＨＱ側は、「本司令部も、不法入国の場合を除いて強制送還は行なわないという条件、並びに、本国送還は大韓民国が受諾する方法で行なうという条件の下で、あらゆる可能な方法で帰還を促進する政策をとり続けるものであります」と、在日朝鮮人

表1　外国人登録令違反者数（一審判決）

	懲役	禁錮	罰金	その他	合計
1949年	354 (119)	2	47 (1)	10	413
1950年	1,564 (574)	1	411 (49)	93	2,069
1950年	903 (210)	1	258 (17)	58	1,220

〔注〕1949年については台湾人を6人(?)含む
　　（　）内は執行猶予
〔出典〕最高裁判所『外国人に関する犯罪統計（昭和24～26年）』

の強制送還に関しては慎重な態度をとっている。GHQ側は密入国者については強制送還するとだけ言っている。しかし日本政府側は、一九四七年五月二日の外国人登録令で「みなし規定」によって密入国者でない在日朝鮮人の送還をGHQに認めさせた「既成事実」を武器に、密入国者、外国人登録令違反者に加えてそれ以外の在日朝鮮人も強制送還できると主張するのである。一九四九年一一月一四日付の日本政府の見解は次のようなものである。

「外登令の退去条項は……登録規則違反のみに適用される。にもかかわらず、同令は日本政府が外国人犯罪者を国外へ追放することができるという先例を確立したものと考えることができる」とし、また「国籍に関する種々の問題の処理」についても先例となるもので、「朝鮮人犯罪者の退去強制は外登令の場合と同様に、地位の問題を考慮の外においたままで正当化し得るものと考える」。

結局、日本政府の、密入国者、外国人登録令違反者以外に「一般犯罪者」を追放する法改正をしようという努力は、この時、GHQ側を納得させることができず実現しなかった。また後に、同じことを「出入国管理令」によって実現しようとしたが、これも後に述べるように果たせない。

しかしながら一九四九年一二月三日には、それまでGHQが覚書によって行なっていた強制送還を日本政府が全面的に行なうようになって、外国人登録令「改正」令が公布（一九五〇年一月一六日施行）される。それは、①刑罰の強化、②刑事訴訟法の権利保障規定の排除、③退去強制権の一元化、④退去強制裁判の執行停止規定の削除、⑤一斉切替による管理強化などを内容とするものであった。最高裁判所事務総局刑事局第一課長・矢崎憲正は、②について「これは退去強制の準備のために時間的余裕を稼ぐため、即ち判決確定までの間に退去強制令書を準備し、確定と同時に退去の措置に切り替えるためだそうです」と本音をさらけ出しながら説明している。

翌一九五〇年六月には朝鮮戦争が始まり、極東情勢はますます厳しさを加えてくるが、九月一五日には、不法入国者の身元、武器等の情報をGHQに報告することなどを内容とする「出入国に関するGHQ覚書」が出された。またこれにより都道府県知事に属していた退去強制令書発布の権限は入国審査官に移行した。またこの中にあった一五日以内に日本による入管機構を設置せよという命令にもとづき同月三〇日、「出入国管理庁設置令」が公布されたのである。

同年一二月二八日には、①収容の前に地方審査会の承認を必要とする、②不服のときは口頭審査を要求できる等の進歩的な部分も含む「不法入国者退去強制手続令」が公布されるが、その進歩的な部分については施行が次点と延期され、実際に行なわれないまま一九五一年一一月一日の「出入国管理令」施行によって廃止されてしまったのである。

出入国管理令と朝鮮人

出入国管理令は一九五一年八月二八日の閣議決定をへて一〇月一日から施行されることになっていた。しかし日本政府の作成した「案」にGHQからクレームがついて一部修正され、一ヶ月遅れて一一月一日に施行されたのである。日本政府案では、先の外国人登録令の場合と同じように「みなし規定」を入れて在日朝鮮人をも出入国管理令の対象にしようとしたのである。出入国管理令は現行の出入国管理および難民認定法に引きつがれているもので、一般刑事犯罪も含めた数多くの強制送還事由が定められている。日本政府は出入国管理令に「みなし規定」を入れることにより、先の外国人登録令「改正」で果たせなかった密入国、外国人登録令違反以外の在日朝鮮人を追放する方途を確保しようとしたのである。この間のやりとりは、森田芳夫『在日朝鮮人処遇の推移と現状』によると次のとおりである。

もしも、総司令部の主張のごとく戦前から在留する五十万以上の在日朝鮮人が日本人とすれば、(イ)治安上、退去強制をすることが不可能であること、(ロ)現行の外国人登録令が在日朝鮮人を外国人とみなして違反者の強制退去を承認しているにもかかわらず、また政令改正の途中でなんら問題とせず、いま突如修正を要求してくることは矛盾であると指摘して説得につとめた。その結果、総司令部は『(一九四五年—引用者)九月二日以前からの在留朝鮮人中、現行登録令違反者を外国人とみなして、国外に退去強制することは、既成事実であるからやむなく承認するが、その他を外国人とみなすことは承認できない。ことに新管理令では、破壊分子、刑法犯罪者、貧困者、精神病者等をも国外に退去強制しうることになっており、退去強制が現行法より広くなっているから総司令部従来の方針をかえることはできない。ただし、平和条約批准後、日本政府が在日朝鮮人の身分をその欲するように変更することは、もちろん日本政府の自由であり、総司令部として関与する限りでない』との見解を示した。（一二四〜一二五頁）。

この両者の対立点は、森田芳夫も述べているようにＧＨＱ側の英米法による属地主義（生地主義）と日本側の属人主義（血統主義）によるものである。国籍の決め方、すなわち自国民とは誰かを決めるのに英米的な生地主義の立場に立てば在日朝鮮人はイコール外国人ではない。その在日朝鮮人を追放することは承認できないというのである。結局、両者の間で妥協が成立したが、それは①平和条約発効まで入管令には「みなし規定」は入れない、②その後は日本政府が勝手にしてもよいという内容だが、これによって、条約発効までの約六ヶ月間は、在日朝鮮人に入管令が適用されなかったのである。

よく知られているように一九五二年四月二八日のサンフランシスコ平和条約の発効により在日朝鮮人の日本国籍は一斉に剥奪され、外国人とされた。そして外国人とされた在日朝鮮人に、発効後は入管令が適用されたのである。ＧＨＱ占領下で在日朝鮮人を合法的に追放する方途を確保するために日本政府は努力をつづけたが、最終的に右のような経緯をへて手に入れたのである。

軍事裁判による強制送還

一方、ＧＨＱの占領下においては占領目的を遂行するために軍事裁判があって、「占領目的有害行為」等を処罰していた。強制送還についてもすでに述べた密入国者や外国人登録令違反者を送還した方法と全く別に、軍事裁判で有罪判決を受けていわば超法規的措置により強制送還される場合があった。占領期にどのくらいの朝鮮人が送還されたかを前掲『在日朝鮮人処遇の推移と現状』および篠崎平治『在日朝鮮人運動』よりあげれば表2のとおりである。これらの数字のほとんどは密入国者であるが、中には外国人登録令違反者あるいは軍事裁判による送還者が含まれているはずである。

前掲『――推移と現状』にはもう一つ、針尾収容所受け入れ数として「軍事裁判による朝鮮人の強制送還」という数字があるが、それによれば一九四六年（一〇人）、四七年（三六五人）、四八年（七三人）、四九年（三〇人）、合計四七八名となっている。しかし同書八六頁に「……呉の英軍部隊からの二一年（一九四六年――引用者）八月一八日の総司令部あて報告には、約五千名の朝鮮人が逮捕送還されたこと、……七百名ちかく逮捕されたこと、捕獲船は没収され、首謀者は逮捕されて軍事裁判

表2　GHQ占領下の朝鮮人の強制送還

	A	B
1946年	24,876人 (10)	15,925人
1947年	6,222 (365)	6,296
1948年	6,964 (73)	6,207
1949年	7,709 (30)	7,663
1950年	1,058	2,319
1951年	—	2,172
1952年	—	2,320

Aは森田芳夫『在日朝鮮人処遇の推移と現状』87頁。Bは篠崎平治『在日朝鮮人運動』187頁より。
（計478人）

にかけられたことをのべている」という記述よりすると、「密入国者」のなかにも軍事裁判によって強制送還された朝鮮人がいることがわかる。しかし、権益擁護闘争などにより逮捕され軍事裁判にかけられ強制送還された在日朝鮮人がいたことも事実である。

軍事裁判による強制送還については一九四七年一二月二九日の第八軍作戦指令第七三号「占領軍裁判所の命令による朝鮮人の強制送還」によってなされた。一九四九年一二月一六日にはこの第七三号が廃止され、同名の新たな「施行命令第六〇号」が出された。これは、「連合国最高司令官は、在鮮アメリカ使節団から、国外追放の判決をうけた朝鮮人に対しては、個々的な手続きを経ることを今後必要としないが、被追放者が朝鮮に帰着する旨の通報を彼らが日本を出発する以前に得たき旨の通告を請けた。この変更に鑑み、次の措置を講ずるものとする」として、判決確定後すぐに被送還者の氏名、罪名、「急進的な団体の会員であったり、又はこれを支持支援する行動があった場合にはそれに関する報告」等を提出するとされている。

占領下においても在日朝鮮人の運動は果敢に展開されるが、それに対する弾圧の一つに強制送還があった。中には超法規的に強制送還を条件に刑の執行を「免除」して釈放するというような驚くべきことまで行なっている。全体的なことは明らかでないが、いくつかの例を紹介してみたいと思う。

《例１》一九四六年一二月二日に東京宮城前広場で一万五千人の生活権擁護人民大会が開かれ、

解放新聞

民族的熱情의 發露로

各驛에 徹夜歡送布陣

「解放新聞」1947年3月15日

その時、一四名が逮捕され、そのうち一〇名が起訴された。一二月二六日には早くも軍事裁判が開かれ有罪判決を受けたが、翌一九四七年二月一九日にＧＨＱは、この一〇名を本国送還を条件に釈放した。これに対し、二月二四日に民主婦女同盟東京支部の大会で強制送還反対決議がなされるなど（『解放新聞』一九四七年三月一日）、反対運動が展開されるが、三月八日、その一

○名は家族一二人とともに南朝鮮に強制送還された。彼らをのせた列車は、横浜、静岡、京都、大阪、岡山などの駅で「徹夜歓迎布陣」がしかれた（『解放新聞』一九四七年三月一〇日、三月一五日、四月一五日）。

《例2》一九四八年一〇月一一日～一二日、仙台市で開かれた朝連東北協議会主催の大会で、六〇〇名の警官が朝鮮民主主義人民共和国の国旗を降そうとしたことから事件がおこり、逮捕されたもののうち三名に対し、同年一一月一五日、重労働三年および刑終了後南朝鮮強制送還の判決が出された（朴慶植「解放後の在日朝鮮人運動〈4〉」『在日朝鮮人史研究』四号、一九七九年六月）。

《例3》一九四八年一〇月二二日、壇上から朝鮮民主主義人民共和国の国旗を一分間見せたとして数名が逮捕された「大阪朝連東成支部国旗事件」で、安民植、李英文の二名に対し、同月二五日、重労働八年および刑終了後南朝鮮強制送還の判決が出され、一九五〇年四月に強制送還された（前掲・朴慶植論文および『解放新聞』一九四八年一〇月二七日、同年一一月三日、一九五〇年四月一日）。

《例4》一九四八年一〇月一一日、在日朝鮮学生同盟の大会で朝鮮民主主義人民共和国の国旗を掲揚したという理由で、一一月一〇日、姜理文、李哲洙の二名が逮捕され、翌一九四九年二月の軍事裁判で重労働三年の判決が出され、刑終了後南朝鮮へ強制送還された（前掲・朴慶植論文）。

《例5》一九四九年一月に滋賀県の朝連小学校の教員が国旗型・バッジをつけていたことから逮捕され、軍事裁判で重労働三年および刑終了後南朝鮮強制送還の判決を受けている（前掲・朴慶植論文）。

《例6》一九四八年四月の大阪における阪神教育闘争では多くの逮捕者を出したが、同年五月五日に軍事裁判が始められ、六月二六日に八名の朝鮮人の被告に対して重労働一年〜三年および刑終了後南朝鮮強制送還の判決が出されている。翌一九四九年四月一五日には、そのうち六名が強制送還されたが、彼らは同日、大阪駅前で、「去る四月の朝鮮人教育闘争の犠牲者として投獄され

本國送還六同志

大阪驛頭에서聲明

聲明書

우리 鬪爭은 光榮스러운 義務

同胞의 援護를 感謝하며

굳은 離別의 握手를 드린다

「解放新聞」1949年4月24日

ていたわれわれ六名は、本日突然、本国に追放されることになり、午前七時一五分、軍用列車で大阪を立ち、売国奴李承晩盗団の跳梁する祖国の南半部に行くことになった」で始まる声明書を発表している（梁永厚「大阪における四・二四闘争覚書」『在日朝鮮人史研究』七号および「解放新聞」一九四九年四月二四日）。

《例7》一九五二年六月二四日のいわゆる「吹田事件」に関係しては「……ただ公判中、被告六名が死亡し、一人が強制送還され」ている（朴慶植「在日民戦の活動と運動方針」『在日朝鮮人史研究』九号）。

《例8》一九五二年一二月一九日、前朝連岡山県本部書記長が出獄直前に大村収容所に移送され、その後、強制送還された（姜徹『戦後在日朝鮮人運動史年表』）。

その他にも、「解放新聞」一九五二年七月一二日の「三〇〇名また追放／韓国一部の受け入れ拒否」の見出しの記事に「……その中には、巣鴨事件の朴用学、李相浩、兪成奉（？）氏なども含まれている」と書かれている。また、一九五二年七月五日付の民戦の声明「巣鴨事件愛国者の強制追放と日本の各商業新聞の暴論に対して」の中にも「……さきに、日本で無罪釈放された金宝聖氏が強制追放され韓国において死刑宣告を受けた事は今なお耳新しく」と書かれている。「解放新聞」一九五二年八月三〇日の青柳盛雄の文の中にも金宝聖氏の話が出てくる。

日本政府と在日朝鮮人

以上のように軍事裁判による強制送還がGHQおよび日本政府によって意図的に行なわれたことは事実である。南北朝鮮の政治情勢が極度に緊迫していた時期に、GHQの占領目的を妨害したとして南朝鮮に強制送還するというのはまさに暴挙であった。朝鮮民主主義人民共和国の国旗を掲げたことが罪に問われ、軍事裁判によって韓国に送還されることは生命も保障され得なかったであろう。

最近、指紋押捺拒否の韓国人留学生に対し書上《かきあげ》法務省入管局警備課長が「もし彼が拒否を続けるならば、私はさらに何人かの人達が、彼に続くという事態を考えなければならない。私は千余名の拒否者が追放される可能性が充分にあると考えている」と発言し（七月二四日、英文毎日のみ共同通信電として報道）、問題となっているが、朝鮮人の追放ないしはその方途の留保を一貫して行なおうとする日本政府の考え方は終戦後より今日まで変わることがない。GHQ占領下の朝鮮人の強制送還問題は、当時、日本国籍を有しており法的には追放できない朝鮮人を外国人登録令違反あるいは占領目的違反により追放した理不尽な行為として記憶にとどめておかなければならない。

（『季刊三千里』四八号、一九八六年一一月）

難民条約発効より二〇年――改めて日本の難民政策を考える――

今年（二〇〇二年）五月八日、中国瀋陽の日本大使館に朝鮮民主主義人民共和国から子どもを含む男女五名が亡命を求めて入った。この様子はテレビを通して全世界に報道されたが、そのとき、日本の領事が中国警察官の帽子をひろったりしてなんの抗議もしなかったことが非難をあびた。後日、日本政府によってその領事らに処分がなされたが、大使館外の警察署で英文で書かれた亡命希望の手紙を英語がわからない？　とそのまま返したこと、その前日、北京の阿南大使が、北朝鮮からの難民を排除する趣旨の発言をしたことは処分の対象とされなかったと報道されている。いずれにしても今回の事件は日本政府が第三国からの難民の受け入れに消極的な態度をとっていることを改めて明らかにすることとなった。

また昨年（二〇〇一年）の九月一一日のニューヨークでのテロ事件後の一〇月三日、日本で難民申請をしていたアフガン人が明確な理由を示されることなく拘束される事件が起きた。その中の一人ヤフヤさん（二五歳）は、タリバンに捕らえられて約二〇日間拷問され生死の境をさまよった体験をもっている。彼は面会にきてくれた弁護士に「地獄から逃れてきた。日本人が人道的であるから私たちを庇護すると信じて来日した。そして日本を信じ、自らの意思で東京入国管理局に出頭した。それなのに、九・一一テロ直後、私たちアフガン難民申請者は収容された。早朝、防弾チョッキを装備した入管職員らに、犯罪者同然に引き立てられた。なぜ？　私たちは、アフガニスタンで迫害され、日本で二度迫害されている」と訴えている（ヒューライツ大阪『国際人権ひろば』四四号、二〇〇二年七月）。

日本の外国人政策が排外的であると指摘されることがあるが、先のフランスの総選挙で極右「国民戦線」の大統領候補・ルペン氏が「日本とスイスの国籍法は完全にわれわれの考えと一致する。われわれが人種的な偏見をもっていると指摘されるのはおかしい」と主張したことが報道された。フランスの国籍法は日本と同じ血統主義だが、父母が外国人でもフランス生まれで一一歳から一八歳までの間に五年以上居住すれば、ほぼ自動的にフランス国籍を取得できるし、二重国籍も禁じていない。日本やスイスではこのようなことはない。先の国民戦線の副党首で日本研究者でもあるブルーノ・ゴルニシュ氏は「わが党が極右なら、日本だってそういうことになる。極右という呼び方は不当だ」とコメントしている（二〇〇二年四月二九日、朝日新聞）。わたしは妙に納得してしまったが、どのようなものだろうか。

日本における難民問題

日本は島国でヨーロッパのような難民問題がなかったかのように言われることがあるが、決してそうではない。

戦後、日本がＧＨＱに占領されていた時期に朝鮮戦争の戦渦を逃れて、あるいはその前の時期に済州島四・三蜂起の関連で多くの人々が朝鮮半島から難民として渡ってきている。しかしそれらの人々は、密入国者としてのみ扱われたのである。先日、吹田事件五〇周年の集会で詩人の金時鐘氏が当時の体験を語っておられたが、密入国者としての日本での生活がいかに大変なものだったかを想像できるお話であった。当時日本に渡ってきた朝鮮人は、戦後ずっと密入国者として扱われ続けてきたのである。最近でこそ日本の入管当局は戦後入国の朝鮮人については本庁に問合せることなく地方入管局の判断で在留特別許可を与えていいということになっている。この内部基準は新聞にも報道され、最近、NGO神戸外国人救援ネットが国に情報公開を請求して入手したが、戦後、難民として取り扱われる必要があった多くの朝鮮人が、本当に長い期間密入国者として肩身の狭い思いをしてきたのである。

神戸の難民問題

また私の暮らす神戸についても難民の歴史と関係のあることがらがみつかる。

太平洋戦争の時代にナチスドイツの迫害を逃れて神戸にやってきたユダヤ人が、当時神戸に在住していたユダヤ人の助けも借りながら、神戸経由で第三国に亡命していったという歴史もある（神戸新聞、一九八二年一月一日一面の大きな記事）。それによると、一九四〇年七月から一四ヶ月にわたって約四六〇〇人が神戸に逃れてきてアメリカ（一九六四人）、カナダ、中南米、パレスチナなどの三三ヶ国に渡っていたのである。まさに神戸が「自由の窓口」となっていたのである。（最近、日本女子大の金子マーチン氏がこの神戸のユダヤ人のことも含めて当時の記録を整理して論文を発表している。※『神戸・ユダヤ難民1940‐1941―「修正」される戦時下日本の猶太人対策』として二〇〇四年一月、みずのわ出版）

また一九七〇年頃にも亡命事件が、これは神戸だけではないが起こっている。ベトナム戦争に反対するアメリカ兵の脱走事件である。まさに政治亡命を求めた事件である。当時、べ平連青年であった私は、その脱走兵事件には関係していない。関係していないというより、私たち「デモ部隊」には、脱走兵救出運動とは完全に切れていた。後日、神戸でもイントレピット号脱走事件の関係で誰々をどこどこに匿ったという話を聞かされて、へ～～ぃ、と思ったものだ。まあ、知らなくてよかったわけだが。

またベトナムからの留学生が当時のベトナム政府に反対して政治難民となった事件が起こり、神戸のべ平連も当時アジア文化協会で働いていた田中宏氏を講師に招いて支援集会をした記憶もある。当のベトナム人留学生がなかなか会場に到着しなくて、講演中の田中氏にもっと長く話してほしいという合図を送ったことも覚えている。

そしてさらに神戸的なこととしては、韓国軍を脱走して北朝鮮に亡命すべく神戸に逃れてきた丁勲相氏の事件がある。いつの公判のときだったかよく覚えていないが、私も傍聴にいって神戸地方裁判所の庭で丁勲相氏が、支援者を前に朝鮮語で元気に演説をしていたのを鮮明に記憶している。

全国的には、当時、入管法に反対する運動が盛んに行なわれていた時期で、尹秀吉氏らの事件も迫害される恐れのある韓国や台湾に強制送還することが不当であると裁判が行なわれていた時期でもある。

この時期の裁判について本間浩氏は「難民保護に関して明確な法的原則が定められていなかった当時、迫害のおそれを主張する者が、日本の政府による保護を要求する場合に、その法的根拠として政治犯罪人不引き渡し原則の適用がしばしば主張された。難民保護のための法的整備がたち遅れていた日本では、この原則以外には、頼りになる根拠がなかったのである」とみている(『難民問題とは何か』岩波新書、一九九〇年一二月、三五頁、この飛田レポートでは本間氏のこの本を多く参考にしている)。

最近ある研究会で中国東北地方で北朝鮮から逃れてきた人々にインタビューした内容をうかがう機会があったが、その話の中で「必ずしも亡命希望者が多くない」という話が印象に残っている。先の『難民問題とは何か』に「祖国にもどる人々」という項があって、例えば一九五六年のソ連軍のハンガリー侵攻によって総人口の二%にあたる二〇万人が他の国に逃れたが、近年祖国の民主化の改革に期待をよせて多くの人が帰国しているという。また、タイ国内にいる七万人のラオス難民の中でも帰国を希望する者が増えてきているという。このような例をみると難民というのは、それを作り出す本国の問題が大きいということがわかる。

難民ではないが、昨今の日本における外国人労働者問題を考えるときに、私は、南米から日本に多くの日系人が出稼ぎにやってくるが、アメリカの日系人が出稼ぎに日本にやってくることがおそらく圧倒的に少ないという事柄を、対比的に考えてしまう。これは、南米の国と日本、そしてアメリカと日本との経済的な関係に影響されているのである。

「難民条約」とはなにか

難民条約は、一九五一年作成された。その前文によると締約国は、①国連憲章、世界人権宣言の権利および自由を差別なく享受するとの原則を確認していること、②国連の難民の権利保障に努力していること、③従来の難民に関する協定が保護の新しい協定で拡大することが望ましいこと、④難民庇護が特定の国の負担ではなく国際協力なしには解決できないこと、を考慮し、⑤全ての国が国家間の緊張の原因になることを防止するための措置をとることを希望し、⑥国連難民高等弁務官の条約監視の任務を有していること考慮して各国と弁務官との協力により効果的な調整が可能となることを認めて協定されたものである。

難民条約は当初全世界の難民ではなくてヨーロッパの難民に限定されており、かつ時期も一九五一年一月一日以前の難民に限定されていた。しかしハンガリー動乱（一九五六年）にも適用されるようになり時間的制約がなくなり、また一九六〇年代にアフリカ諸国が難民条約に加入することによって地域的限定もなくなっていった。そして一九六六年二月の「難民議定書」によって、その時間的地域的制約（「一九五一年一月一日以前にヨーロッパで生じた事件の結果」という項目を正式に削除）がなくなったのである。

難民条約には難民を第三国が自国民と同様に扱うという「内外人平等」の原則がある。よく知られているように、難民に対しては社会福祉、職業等において自国民と同様の扱いをすることが義務付けられているのである。例えば難民は本国のパスポートを持たない場合が多いが、難民を受け入れた国はその難民の本国政府に代わって「難民旅券（パスポート）」を発行するのである。

もうひとつ難民条約の重要な原則は迫害の恐れのある本国に送還しないというノン・ルフルマンの原則である。この原則は、すでに難民条約に未加入の国にも適用されるべき国際慣習法として確立している。ただし、①難民と認定されたあとでも重大な犯罪を犯したこと等を理由に送還する余地、②国境での入国拒否の可能性、がのこされていることが問題としてあげられている。

その他に難民条約では無差別原則（三条）、宗教への好意的待遇（四条）、強制移住させられたのちの居住継続（一〇条）、結社の権利（一五条）、裁判を受ける権利（一六条）、差別のない賃金（一七条）、公教育（二二条）、公的扶助（二三条）等について、定められている。

日本政府の難民条約批准への道のり

日本政府は、一九六二年に難民条約に加入しない理由として、難民の定義がはっきりしないので各国の扱い等を見極めたうえで加入の検討をしたい（八月二四日、中川外務省条約局長）と答弁した。また一九六八年四月一九日には、先に述べた難民条約のヨーロッパ限定、一九五一年以前限定を理由にあげたが（重光政府委員）、一九六六年一二月に作成され、一九六七年一月三〇日に公開された「難民条約の地域および時期限定を削除した難民議定書」によって日本政府も答弁に窮するようになる。その後も、難民条約への加入を渋っていた日本政府であるが、一九七五年のインドシナからのボートピープルの入港（一九七六年ベトナム統一）、先進国サミットでの日本政府へのインドシナ難民支援のための圧力などにより、一九八一年一〇月、ようやく難民条約に加入することになった（日本の加入は先進国の中でのブービー賞と当時よくいわれた）。そして翌一九八二年一月一日から日本国内でその効力が発効したのである。私はその正月の新聞がトップ記事でこれで全ての日本国内での外国人差別がなくなったという内容の、踊るような新聞記事を覚えている。のちに述べるように全面解決とはならなかったが。

実際、この一月一日を期して、日本の国内法で難民条約の原則に違反する法律は改正された。私日本人に限定されていた児童手当法および国民年金法はその法文から国籍条項が撤廃された。私も一九七〇年代に児童手当法・国民年金法の国籍条項撤廃の運動に関係していたが、難民条約の日本国内発効によって一挙に国籍条項が撤廃されることになった。国民年金法については、国民年金制度が始まったころに朝鮮人だといっているのに大丈夫だと加入を進められた方がいざ老齢年金支給という段階になって、ダメだという理不尽な措置を不当だとして裁判まで起こして争われたが、「誤適用」だったとして敗訴した事件もあった。全国の支援者は当時、本当にはがゆい思いをしたが、その国籍条項もインドシナ難民とサミットのおかげで一挙に撤廃されたのである。

また、一九八二年一月一日まで日本の法律に難民を認定するような法律はなかったわけだから、それまでの出入国管理令が出入国管理および難民認定法となったのである。

国籍条項撤廃後の残された課題

一挙に国籍条項が撤廃された一九八二年一月の法改正であったがいくつかの重大な積み残しの問題がある。それは今も主に在日朝鮮人社会に大きな問題を残している。

ひとつは、国民年金法に基づく障害年金支給の問題である。老齢年金とは別に二〇歳以上の国民年金加入者が障害者となった場合には障害年金が支給される。従って一九八二年一月一日以降に国民年金に加入した在日外国人が障害者になれば、問題なく障害年金が支給されることになる。しかし、その一九八二年一月一日の時点ですでに二〇歳を越えていた在日外国人障害者には障害年金が支給されないという不可解な事態が生じたのである。その理屈?は、国民年金法では二〇歳の誕生日に障害認定をすることになっているので、二〇歳の誕生日を過ぎていた在日外国人は障害認定がされていない（実際は国籍条項で排除されていた）ということなのである。

この問題は現在まで解決されていない深刻な問題で、現在四〇歳を越えている二〇歳以前からの在日外国人障害者にはいまも障害年金が支給されていないのである。そして実際に在日外国人当事者によって裁判も提起されている。

この件で神戸学生青年センターで障害年金の差別撤廃を求める全国会議が開かれたこともあ

り、後日私も車椅子の在日外国人障害者といっしょに当時の厚生省に要請に出かけた。私たちの要請に対する厚生省の返答は、障害年金が支給されない日本人大学生の場合などを持ち出し在日外国人のケースだけを救済することはできないというだけのものだった。大学生の問題というのは、一九九〇年七月より二〇歳を越えた大学生には国民年金強制加入となったが、加入しなかったために生じた問題である。二〇歳を越えた大学生が国民年金に加入手続あるいは猶予の手続をとっていない場合には国民年金に加入していないことを理由に障害年金が支給されていないのである。

当時の厚生省での交渉での私たちの主張は、「加入できるのにミスで加入しなかった日本人大学生の場合と一九八二年一月一日まで国民年金法の国籍条項によって加入したくとも加入できなかった在日外国人とは別の問題であり、当然救済すべきである」というものだった。しかし、交渉は平行線のままだった。

しかし今年（二〇〇二年）一月、坂口厚生労働大臣が「無年金障害者問題について年内解決をはかる」と発言した。先の大学生無年金者からの昨年七月に裁判が提起されたことが大きく影響しているものと思われるが大学生の問題とともに在日外国人の問題も当然に解決されなければならない。（と、ここまで書いて七月二八日朝刊をみると坂口大臣が大学生の無年金者のみを救済する方針を明らかにしたという。許せないことだ）

もうひとつの積み残した問題は、同じ国民年金の老齢年金に関する問題である。老齢年金は、二〇歳以降六〇歳までの間に二五年間国民年金に加入するのが原則だ。従って一九八二年一月一日に三五歳の在日外国人はその後加入すれば二五年間お金を払い込んで六〇歳から老齢年金を受給できることになる。逆に当時三五歳を越えていた在日外国人はすぐに加入しても六〇歳までに二五年間加入できないので国民年金に入るメリットがないことになる。その後、これはあんまりだというので、二五年間加入できなくても加入した期間に対応する老齢年金が支給される（金額は少ない）ように改訂はされた。しかし、すでに老齢年金が支給される歳になっている在日外国人に一切老齢年金は支給されていない。私は苦労をされてきた在日朝鮮人一世には、普通の日本人も場合よりも増額した老齢年金が支給されてもいいとも思うが一切ない。

この障害年金および老齢年金の積み残された問題の不当性は、一九七二年の沖縄返還時の扱い、あるいは国民年金法が成立したときの扱いと比較した場合に明らかである。

例えば沖縄返還のときに日本政府は、それ以前の時期に沖縄の人々は国民年金に加入できなかったが、二〇歳を越えた障害者には障害年金を払わない、あるいは三五歳を越えた人は老齢年金が支給されないと言ったか？　ＮＯである。障害者は二〇歳の誕生日に障害認定をしたことにして救済したし、老齢年金に関しては二五年の加入期間を短く調整した。もちろんすでに老齢年金を受給する歳になっていた人には国民年金に加入していなくても（お金を支払っていなくても）特別老齢年金を支給したのである。一九五九年の国民年金法成立のときも同じである。沖縄返還および国民年金法成立時にはこのような救済措置を行ないながら、一九八二年の時点で在日外国

表1　日本の難民申請等の数字（2001年12月31日現在、法務省）

年別	申請数	処理数			未処理数	人道配慮による在留
		認定	不認定	取下げ		
1982(昭57)年	530	67(　)	40	59	364	
1983(昭58)年	44	63(　)	177	23	145	
1984(昭59)年	62	31(　)	114	18	44	
1985(昭60)年	29	10(　)	28	7	28	
1986(昭61)年	54	3(　)	5	5	69	
1987(昭62)年	48	6(　)	35	11	65	
1988(昭63)年	47	12(　)	62	7	31	
1989(平元)年	50	2(　)	23	7	49	
1990(平２)年	32	2(　)	31	4	44	
1991(平３)年	42	1(　)	13	5	67	7
1992(平４)年	68	3(　)	40	2	90	2
1993(平５)年	50	6(　)	33	16	85	3
1994(平６)年	73	1(　)	41	9	107	9
1995(平７)年	52	1(＋1)	32	24	102	3
1996(平８)年	147	1(　)	43	6	199	3
1997(平９)年	242	1(　)	80	27	333	3
1998(平10)年	133	15(＋1)	293	41	117	42
1999(平11)年	260	13(＋3)	177	16	171	44
2000(平12)年	216	22(　)	138	25	202	36
2001(平13)年	353	24(＋2)	316	28	187	67
合計	2,532	284(＋7)	1,721	340	2,499	219

※平成7年、10年、11年および13年の認定のカッコ内は、異議申出の結果認定された件数であり、外数として計上されている。
※人道配慮による在留は、難民不認定とされた者のうち、人道配慮することとされた者の数であり、在留資格変更許可数および期間更新許可数も含まれる。

表2　先進国と日本の2001年の難民認定数

国名	申請に対する認定数	異議申出も含めた認定数
日本	24	26
カナダ	13,336	
フランス	5,049	7,429
ドイツ	17,547	22,719
イギリス	10,995	19,055
アメリカ	20,487	28,304

※2001 UNHCR POPULATION STATISTICS（PROVISIONAL）より作成。以下、各国の統計は同資料による。
※カナダについては、異議申請段階の資料がない。

※いずれも難民受入れのあり方を考えるネットワーク準備会編『難民鎖国日本を変えよう！日本の難民政策FAQ』(2002.6、現代人文社）より。

人に対してはその措置を行なわなかったのである。

日本政府の難民認定の成績

日本政府による難民条約の国内での発効（一九八二年一月一日）は、以上のような問題を残しながらも、それまで国籍条項によって在日外国人を排除してきた法律を一挙に改正した。田中宏氏の表現を借りればインドシナ難民およびサミットという「黒船」が日本の外国人排除の法律を一挙に変えたのである。日本政府の主体的な努力というよりは、内外人平等を謳った難民条約が国内で発効したことにより国民年金法等の外国人を差別していた法律が存続を許されなくなっただけなのである。

さて入管令が入管・難民認定法に法律が変わって難民認定が始まってからの、その実績について評価をする必要がある。難民受入れのあり方を考えるネットワーク準備会編の『難民鎖国日本を変えよう！　日本の難民政策ＦＡＱ』（二〇〇二年六月、現代人文社、五六～六一頁）によってそのあたりをみてみたいと思う。

表1は、法務省の発表した認定数である。日本において難民認定の数は徐々に増加しているようであるがどうみたらいいのだろうか。二〇〇一年の難民認定数について先進諸国と比較したのが表2である。桁数をまちがったものでなく、本当に極端に少ないのである。認定数が余りにも少ないという指摘に対して法務省は、「認定率は諸外国に比べて必ずしも低くない」として一四・

五％という数字をあげている。アメリカ四三％、ブラジル二七％、ドイツ二四％、ニュージーランド一九％より低いがイギリス一一％、フランス一二％より高いというのである。しかし日本の認定数には、異議申立てののちに認定された数も含めていること、そして日本政府が「条約難民」と別扱いしているインドシナ難民の数も含めていることを考慮すると二〇〇一年の認定率は、七・六％になってしまい、認定者の絶対数だけでなく認定率も先進諸国に及ばないことになる。

むすび

日本政府にたいする難民申請が少ないのは必ずしも日本が島国であるからだけでなく、日本政府の難民を受入れる姿勢に問題があることは、今回の瀋陽事件を例にあげるまでもなく明らかである。それに加えて日本の難民認定手続きについての問題点も指摘されている。それは法務省による自己完結的な決定機構にある。難民申請をするのは法務省でありそれを審理するのも法務省である。さらに認定結果にたいして異議申立てがあったときに再審査を行なうのも法務省である。せめて再審査は法務省ではない第三者機関が行なう必要がある。

ドイツでは連邦難民認定庁（前掲本間浩『難民問題とは何か』一九九〇年一二月によるもので現在の状況とは変わっているかもしれない――飛田）という出入国・難民認定を取り扱う行政庁とは独立した機関が難民認定の業務を行なっている。ドイツは憲法に難民の受け入れを表明している国で、難民条約の国連審議においても難民の受け入れを締約国の義務とするように主張した国である。前掲本間著によればドイツ憲法にその規程があるのはヒットラーの政治に対するドイツの反省よりはヒットラー時代に第三国に逃れたレジスタンスのドイツ人らを庇護してくれたことにたいする感謝の念の方が強いという。

一般的に難民は文書類を持参して脱出することは少ないと思われるが、日本では難民認定の立証責任を難民本人に負わせていることが大きな問題となっている。ヨーロッパ各国では難民認定に際して立証責任の大幅な削減等の努力を行ない、アメリカでは、連邦裁判所が判例を通じて積極的な姿勢をとっている。（前掲本間著一〇二～三頁）

また日本政府の難民認定の問題としていわゆる「六〇日ルール」がある（入管法六一条二・二）。これは入国後六〇日以内に申請をしなければならないというものだが、昨年難民申請をしたアフガン難民の一部は、この六〇日ルールにより門前払いの形で申請さえ受け付けてもらえなかった。この六〇日ルールは撤廃されなければならない。（前掲『国際人権ひろば』所収、土井香苗「難民法改正を！　そしてアフガン難民受け入れを！」参照）

また、空港や港で難民申請をした人の身柄を拘束することが行なわれてはいけないし、瀋陽事件のときに英文の手紙で亡命の意志を表明したのにそれを無視するのと同じように難民を空港等で不法入国を理由に入国を認めず即時に送り返してしまうことも大きな問題である。

法務省ホームページの難民問題のところをみれば、難民をどのように受け入れるかという姿勢はみられず、「条約難民」と「インドシナ難民」の違いが繰り返し説明されている。確かに条約難民は難民条約により難民認定された人で、インドシナ難民は難民条約の精神を受け継ぎながらも難民条約（日本国内では入管・難民認定法）によらない広義の難民をさしている。インドシナ難民の場合にはサミット等での圧力を受けた日本政府が英断をして受け入れを表明したものだ。七月二七日の新聞発表によると日本政府は条約難民についてもインドシナ難民受け入れ時の定住促進センターのような施設の設置を検討しているようである。それは結構なことであるが、現在の日本政府の問題は、インドシナ難民の問題を例外視しようとするところにある。インドシナ難民は大量に発生したことから世界各国が共同してとりくみ、条約難民に必要な手続きを必要としない形で受け入れを行なった。日本政府は消極的であったが一九八九年ジュネーブでインドネシア難民国際会議で採択されたインドシナ難民も条約難民に準ずる難民として審査を行なうとした「包括的行動計画」が出されて日本政府もそれに従った。しかし逆にアフガン難民の場合は、例外視することなく従来どおりの高いハードルをもうけて条約難民として受け入れるかどうかの審査を厳格に行なっているのである。例外をインドシナ難民だけにとどめようとする姿勢は改めさせなければならない。

東アジアの情勢がどのように変化するかわからないが、万一、朝鮮半島からから多くの難民が日本に来ることになっても、当然インドシナ難民の受け入れを行なった姿勢で日本政府は臨むべきである。

日本は憲法の前文で「われらは、平和を維持し、専制と隷従、圧迫と偏狭を地上から永遠に除去しようと努めてゐる国際社会において、名誉ある地位を占めたいと思う。われらは、全世界の国民が、ひとしく恐怖と欠乏から免がれ、平和のうちに生存する権利を有することを確認する」と謳っている。

この精神を実現させるためにも日本政府の難民政策は大きく改められなければならない。

(「むくげ通信」一九三号、二〇〇二年七月二八日)

在日朝鮮人（一九四五〜五五年）

一九四五年八月一五日、日本は連合国に破れ植民地であった朝鮮は解放された。当時、日本に住む朝鮮人は二〇〇万人を越えていたが、解放された朝鮮への帰国を希望する朝鮮人は多かった。記録に残されている数字としては、翌四六年三月末までの帰国者数が、博多より四二万五七一三名、仙崎より三二万五一七名、函館より八万六二七一名、佐世保より五万五三〇六名など計九四万四三八名、同年四月より一二月末までの帰国者数は、博多より六万九一〇七名、仙崎より九九一七名など計八万二九〇〇名となっている。記録上の帰国者数は、四五年八月から四六年一二月までの一年半ほどの間に実に一〇二万三三三八名に達する。（森田芳夫『在日朝鮮人処遇の推移と実態』）

在日朝鮮人人口は、一九四七年一〇月の臨時国勢調査では、五〇万八九〇五人となっているが、仮に敗戦時の在日朝鮮人が二〇〇万人とすれば、日本政府の記録する約一〇〇万人の帰国者以外に、五〇万人もの在日朝鮮人が「正規」の帰国を待てずに自分たちで船を用意したりして帰国したことになる。敗戦後わずか半年の間に一五〇万人もの朝鮮人が帰国したということは、その事実だけをみても戦前の在日朝鮮人形成の歴史が自然な労働力の移動によるものではなく、植民地支配がもたらす不自然な人口移動であったことを物語っている。

法務省入管局はこの点に関して「終戦当時に二百万を越えた朝鮮人のうち、動員労働者・復員者は、個人の自由意思でふみ止まったものを別とすれば、全員が、優先的に引き揚げた。一般の在留者も約百万人引き揚げた。あとに五十万人ちかいものが残ったが、これらの大部分は日本内地に早くから来住し、その生活基盤を日本に深くきずいているものであった」（『出入国管理白書』一九五九年）と記述している。

この文章は、戦後の在日朝鮮人が自由意思で日本に残留したことを強調し、暗にその在留に日本政府は責任がないということを主張しているのである。また戦後の時期にアメリカは、国務省を始めとして在日朝鮮人の歴史的な背景を無視してより多くの朝鮮人をすみやかに帰還させることにだけ関心を示していたことが明らかにされているが、そのアメリカの意向が、GHQおよび日本政府の在日朝鮮人政策に反映されることになったのである。（金太基「米国の対在日朝鮮人占領政策――政策形成過程を中心に」『思想』八三四号、一九九三年一二月）

GHQの指示の下に引揚者登録のために行なわれた調査によれば、一九四六年三月一八日現在で、在日朝鮮人数は六四万七〇〇六名、内帰国希望者は五一万四〇六〇名、さらにその中で北朝鮮への帰国希望者は九七〇一名となっている。GHQはこの調査をもとに送還計画を立てたが、持ち帰り財産の制限をしたこと、南朝鮮が政情不安であったこと等の理由により、帰国希望の調査結果とは異なり帰国することなく日本に在留することになった朝鮮人が先の臨時国勢調査の結果では五〇万名を越えたのである。

ＧＨＱ日本占領時代（一九四五〜五二年）の対在日朝鮮人政策は、矛盾にみちたものであった。本来朝鮮人は日本の植民地であった地域の人民で、戦争を遂行した日本人とは異なった処遇を受けるべきであった。しかしＧＨＱは、日本人と朝鮮人の区別を恣意的に行なったのである。矛盾する取り扱いを象徴するのが四五年一一月一日に出された「基本的指令」の以下の一節である。

「軍事上の安全が許す限り中国人たる台湾人および朝鮮人を解放人民として処遇すべきである。かれらは、この指令に使用されている『日本人』という用語には含まれない。しかし、かれらは、いまもなおひきつづき日本国民であるから、必要な場合には、敵国人として処遇されてよい」

ＧＨＱおよび日本政府は、在日朝鮮人の国籍は講和条約が締結されるまで「従来通り日本国籍を有する」という立場をもっていたが、この基本的指令にもとづき、一方で日本人として取り扱い、また一方では外国人（解放人民）として取り扱ったのである。選挙権の停止、外国人登録の実施は、外国人として取り扱われた例であり、朝鮮人としての民族教育の権利を否定したのは、日本人として扱われた例といえる（外務省特別資料課編『日本占領及び管理重要文書集　朝鮮人、台湾人、琉球人関係』）。

戦前に、例えば朴春琴が二度にわたって衆議院議員に当選したことは良く知られているが、戦後も法律的に「日本国籍を有する」在日朝鮮人には、選挙権・被選挙権が保障されていることになる。ところが一九四五年一一月の第八九回帝国議会における衆議院議員選挙法改正案によって停止されるのである。そもそも日本国籍をもつ在日朝鮮人の選挙権を否定する根拠がないので、同改正案に、戦前から朝鮮人と日本人を別の戸籍で管理してきたことを利用して「戸籍法ノ適ヲ受ケザル者ノ選挙権及被選挙権ハ当分ノ内之ヲ停止ス」という規定を入れて朝鮮人の選挙権を停止したのである。

また同じく日本国籍をもつ在日朝鮮人を外国人登録の対象とすることも根拠がないことである。外国人登録令は、一九四七年五月二日という日本国憲法施行の前日に公布施行されたが、この登録令の対象に朝鮮人を含めるため、その一一条に「台湾人の内法務総裁の定めるもの及び朝鮮人は、この勅令の適用については、当分の間、これを外国人とみなす」という規定を入れたのである。

この外国人登録令は、現在の外国人登録法と入管法を合せたようなもので、外国人登録、出入国管理に関することから退去強制に関する規定までその中に盛り込まれているのである。このときには後の外国人登録法に定められた指紋押捺義務はなかったが、未登録などの違反に対しては、退去強制を含む罰則が加えられたのである。

そのほか、日本の裁判所が刑事裁判権を外国人（連合国人）に行使することができなくても、帰還の意思表明をしない朝鮮人に対しては行使することができたし、経済活動においても、例えば「外国人の財産取得に関する政令」（四九年三月一五日）では「昭和二十年九月二日に日本の国籍を有し且つ同日以後引き続きこの政令の施行地域に居住する者は除外する」として朝鮮人を排除しているのである。

逆に、戦後日本の各地に朝鮮人によって作られた民族学校については、外国人学校として特別の優遇はせずに、「学令に該当する者は、日本人同様、市町村立又は私立の小学校又は中学校に就学させなければならない」として日本の法令に服することを義務付けた。民族学校を閉鎖させるときの理由としては、先の選挙権の停止の場合とは反対に、在日朝鮮人の日本人的側面が強調されたのである。そして朝鮮人の民族学校が教員資格、学校の規格、事務手続等をクリアーして私立学校として認められた場合にも、教科書教育内容等について朝鮮語を課外授業とするなど教育基本法八条が適用されるとされたのである（前掲『文書集』参照）。

日本人として処遇された方が有利な時に外国人として処遇され、外国人として処遇された方が有利な時には逆に日本人として処遇されるということになったのである。

在日朝鮮人は、戦後の早い時期から活動を開始している。一九四五年八月一八日には早くも在日本朝鮮人連盟（朝連）の最初の母体となる在留朝鮮人対策委員会ができており、九月一〇日には東京で在日本朝鮮人連盟中央結成準備会が開かれた。そして一〇月一五～一六日に朝連の正式な結成大会が開かれるのである。

その朝連を中心として、戦時中の未払い賃金等補償要求、外国人登録反対、民族教育擁護、生活権（生活保護）擁護等の闘いが展開された。補償要求の闘いにおいては、古川鉱業足尾鉱業所、日本製鉄釜石製鉄所等では朝鮮人側の要求が一部認められて補償金の支払いもなされている。

一九四七年五月二日の外国人登録令施行に対しては「新憲法発布の前日に勅令で公布されたことは、天皇制最後の権力行為であり、かつ、かつての協和会手帳のごとき不安と懐疑をいだかしめる」として反対運動を展開している。

戦後日本の各地に作られた民族学校に対してＧＨＱと日本政府が弾圧を加えたが神戸、大阪を中心とした「阪神教育闘争」（一九四八年）と呼ばれる民族教育を守る闘いは、ＧＨＱ占領下の日本で唯一非常事態が宣言された大きな闘いとして知られている。また当時の朝連のスローガンの中には、選挙権・被選挙権の要求も掲げられているがそれは日本の政治に直接的にコミットする姿勢の現われとみることができる（梶村秀樹『解放後の在日朝鮮人運動』、朴慶植他『体験で語る解放後の在日朝鮮人運動』）。

一方、朝連の路線に反対する在日朝鮮人によって、一九四五年一一月に在日本朝鮮建国促進青年同盟が結成される。四六年四月にはその流れを受けて在日本朝鮮居留民団が発足し、それが一九四八年八月の大韓民国の成立後の一〇月からは在日本大韓民国居留民団（民団）として運動を展開する。

一九四九年には活発な活動をしていた朝連に対して解散命令が出され、朝連は財産没収等により壊滅的な打撃を受けることになる。同時に朝連が運営主体となっていた民族学校に対しても閉鎖命令が出されることになる。

その後も解散を免れた朝連傘下の組織の活動は続けられ、五〇年六月から始まった朝鮮戦争（〜五三年）下の五一年一月には、朝連に代わる大衆団体として在日朝鮮人統一民主戦線（民戦）が結成される。また、朝鮮戦争に重要な役割を果す在日米軍基地に反対し直接的な闘争を展開する祖国防衛委員会（祖防委）およびその傘下に祖国防衛隊（祖防隊）も組織されるのである。

一九五一年九月七日に締結されて翌五二年四月二八日に発効するサンフランシスコ講和条約は、GHQによる日本占領の終わりを告げるものだが、在日朝鮮人の法的地位に重大な影響を与えた。

例えば日本政府は、サ条約発効後の在日朝鮮人の国籍について「是マデノ例ニ依リマスレバ、……日本ノ国籍ヲ選択シ得ルト云フコトニナル」（堀切内務大臣、四五年一二月五日衆議院選挙法改正委員会）、「本人の希望次第決定される」（川村外務政務次官、四九年一二月二一日）と発言していたが、一転して日本国籍の一斉剥奪の方針をとることになるのである。この方針転換には、朝鮮戦争に反対する在日朝鮮人の運動を敵視するGHQ、および日本政府の、国内に日本国籍を持つ少数民族としての朝鮮人の存在を認めたくないという意向が反映しているものと思われる（田中宏『日本のなかのアジア』、拙稿「サンフランシスコ平和条約と在日朝鮮人」）。

サ条約発効の日に、日本人から外国人とされた在日朝鮮人は、日本政府によって外国人であることを理由に軍人恩給等の戦後補償法から排除され、日本人が享受する各種社会保障制度の恩恵を八〇年代の初めまで受けることができなくなった。すでに四五年の時点で「当分の間」停止された選挙権も、最終的に停止された。また一方で、外国人を管理するための出入国管理法、外国人登録法の適用を、一部の例外を除いて受けることとなった。日本人と外国人の決定的な差異は、日本に住む権利であるともいえるが、外国人とされた朝鮮人が自分の意思に反して退去強制される場合も生じたのである。

　朝鮮戦争は、在日朝鮮人の対立にも大きな影響を与えた。日本国内において朝鮮民主主義人民共和国を支持する民戦と大韓民国を支持する民団の対立はさらに激しくなる。そして一九五四年八月に出された朝鮮民主主義人民共和国の南日外相の声明は、民戦側の運動路線を変更させる大きな契機となったのである。

　南日声明は、在日朝鮮人運動が「在外公民」としての運動であるべきことを強調したものだった。また声明は、在日朝鮮人運動が日本の中の少数民族としての運動ではなくて、それまでの日本共産党の影響を受けていた運動を否定するものであった。民戦はこの声明を契機に路線転換をはかることになり、翌五五年五月の在日本朝鮮人総聯合会（総聯）の結成へとつながっていくことになる。

　四五年から五五年にいたる一〇年間の在日朝鮮人の運動が、当時の日本政治に与えた影響は大きいものがあり、また、この時期の対在日朝鮮人政策は、その後の在日朝鮮人の不条理な法的地位を規定したということができる。

（『世界』臨時増刊「キーワード戦後日本政治50年」岩波書店、一九九四年四月）

あとがき

本書におつきあいくださりありがとうございました。これまで在日朝鮮人問題にかかわってきた私の体験記あるいは歴史・法的地位に関する論文を収録しました。けっこう固い内容の本になってしまったことを反省しています。

実は、他にも関連する文章を書いています。私的にはあれもこれもと収録したい方なのですが、紙数の関係でこのような形になりました。第一章の講演録に「生き字引か、化石か」というのがありますが、けっこう長い間運動に関わってきたものとして中京煥裁判、あるいは歴史モニュメントを作る運動なども、記録として残すことは必要だと考えています。私は「化石」とならないうちに「生き字引」としてその記録化作業をしておきたいと思います。

私は論文を書くより旅行記を書く方が好きで、その文の方が絶対面白いと思っています。その旅行とは、強制連行関係の集会で日本各地を訪ねたもの、あるいは神戸学生青年センター、神戸・南京をむすぶ会のフィールドワークで韓国、中国、中央アジアまで出かけたものなどです。その本の題名だけ決まっています。『旅行作家な気分』です。どうでしょうか?

本書は、この間、在日朝鮮人の権利獲得のために一緒に活動してきた仲間の記録であるとも考えています。その仲間のみなさんに感謝しています。

出版にあたり三一書房の高秀美さん、フリー編集者の川瀬俊治さんに大変お世話になりました。お二人がいなければこの企画もとん挫していたと思います。ありがとうございました。

この本が単なる「記録」ではなくて、よりよい多民族・多文化共生社会を共に作っていくために、少しでもお役にたつことを願っています。

飛田雄一（ひだ・ゆういち）
1950年、神戸生まれ。神戸大学農学部修士課程終了。公益財団法人神戸学生青年センター館長。他に、在日朝鮮運動史研究会関西部会代表、強制動員真相究明ネットワーク共同代表、関西学院大学非常勤講師、むくげの会会員など。
著書に『日帝下の朝鮮農民運動』（1991年、未来社）、『朝鮮人・中国人強制連行・強制労働資料集』（金英達と共編、1990年版〜94年版、神戸学生青年センター出版部）、『現場を歩く 現場を綴る―日本・コリア・キリスト教―』（2016年、かんよう出版）ほか。

心に刻み 石に刻む――在日コリアンと私

2016年11月14日　第1版第1刷発行
著　者　飛田 雄一　©2016年
発行者　小番 伊佐夫
D T P　市川 貴俊
印刷製本　中央精版印刷
発行所　株式会社 三一書房
〒101-0051 東京都千代田区神田神保町3-1-6
☎ 03-6268-9714
振替 00190-3-708251
Mail: info@31shobo.com
URL: http://31shobo.com/

ISBN978-4-380-16007-3 C0036
Printed in Japan
乱丁・落丁本はおとりかえいたします。
購入書店名を明記の上、三一書房までお送りください。